蘊蓄《うんちく》雑学

説教の事典

第88代警視総監
池田克彦

はじめに

なぜ部下は上司の話を聞かないか?

会議には二種類あるといわれます。一つは、「協議をするための会議」で、今一つは、「顔を合わせるための会議」です。協議をするための会議というのは大人数ではできません。せいぜい一〇人ぐらいまででしょう。とすると、出席者が三〇〇人に及ぶ警視庁の署長会議は言うに及ばず、役所や会社で行われる会議のかなりの部分は、顔を合わせるための会議ということになります。

なぜ、顔を合わせるための会議をするのでしょうか。「会議の後に懇親会をするためだ」と言った人がいますが、あくまでも逆説で、懇親会が主目的というのは本来の姿ではないでしょう。

とすると、顔を合わせるための会議の目的は、主催者側の指示を伝えるという点にあるとしか考えようがありません。なぜなら、この種の会議の中身は、ほとんど主催者側の訓示や指示で構成されるのが常だからです。この説に対しては、「確かに、会議の次第はそうかもしれないが、現実には、誰も訓示を聞いていないじゃないか」との反論が出るかもしれません。確かにそのとおりです。これが、この種の会議の最大の問題点なのです。

私は、若い頃、指示を聞く側にも指示をする側にも立ちましたが、熱心に聞いた記憶も聞いてもらった記憶もあまりありません。誠に残念なことです。これでは、多大な労力を使って、結局、懇親会をやっただけということになりかねません。

なぜ、会議の指示は聞かれないのでしょうか?

会議の指示には、二つのタイプがあります。一つは、恒常的な課題に関するもので、例えば、「職員の健康管理」とか「不祥事防止」などのような類いです。

このような話を聞くと、聞き手は「ああ、またか」と考え、後の展開を予想してしまいます。だから、聞かないのです。

いわば指示と受け取りが儀式と化しているわけです。

指示のもう一つのタイプは、トピックものです。例えば、「伊勢志摩サミット警備の留意点」のようなものですが、こういうトピックものも、実はあまり聞いてもらえません。全くの素人ならともかく、会議出席者の多くは、過去にいくつかの警備を経験しています。すると、このような話を聞いても、過去の同種事例を想起し、そこから共通事項を抜き出し、一種の概念を作ってしまうのです。そして、耳から入ってくる話もその概念に当てはめて適当に整理し、聞き流すことになります。

人間というのは、基本的に話を聞くより、しゃべる方が好きです。つまり、人の話を黙って長時間聞くというのは、かなりのストレスがたまる行為なのです。だから、自己防衛として、先に述べたような儀式化や概念化をしてしまうわけです。

さて、それでは、どうすれば話を聞いてもらえるのでしょうか?

それには、まず、聞き手に自己防衛体制を解いてもらわねばなりません。決して難しいことではありません。まず、「おやっ」と聞き耳を立ててもらえばいいのです。そして、儀式化なり、概念化なりのパターンに入る前に、「あれ、いつもと話の展開が違うぞ」と思わせることができれば、成功です。

話し上手な人の話を聞いていますと、ジョークを使う、体験談をする、身につまされる話をする、など導入は様々ですが、私は、その後の「いつもの話の展開と違う」と思わせることにつなげるためには、ストーリー性を持った意外な話をするのが誰でも実践できるうまいやり方ではないかと思っています。

私は、このような話をキーワードならぬ「キーストーリー」と呼んでおりますが、キーストーリーを使えば、聞き手は先の展開を読めませんから、耳を傾けざるをえません。そして、その延長で本論を述べると、多くの場合、最後まで聞いてくれるはずですし、聞き手にも聞かされたというストレスは残らないと思います。少しアバウトな言い方ですが、起承転結の起承にキーストーリーを充て、転結で本論を述べるというイメージでしょうか。

問題は、キーストーリーをどう作るかですが、それほど難しい作業ではありません。その気になれば、題材はあちこちに転がっています。本書では、私が実際に使ったキーストーリーをいくつかご紹介していますが、その多くは会議の直前に短時間で作ったものです。

なお、念のため申し添えますと、題材にしたアネクドートやエピソードは必ずしも通説や確定した事実とされるものばかりではありません。一種の説話とご理解いただければいいのではないかと思いますが、とはいえ、いずれの話にもそれなりの根拠はあります。

本書は、警視庁など警察幹部に行った訓示、指示がほとんどですが、警察以外の分野の皆さんにも使えるように手を加えました。

素材も昭和三〇年代のテレビヒーローからハリー・ポッター、長嶋茂雄に代表されるスポーツ界、信長・秀吉・家康から生活用品まで幅広くとりました。説教や指示に悩むエライ人だけでなく、上司の説教にうんざりしている若手の皆さんにも気楽に読んでいただけたらと思います。案外、取引先との会話をはずませるネタになるかもしれませんよ。

本書発刊にあたり、米国大統領の警備や誘拐報道などに対応した経験を踏まえ、「新作説教」を九本書き下ろし、各章末に収録しました。いずれも、かなり立ち入った内容であり、特殊な状況におけるエピソードですので、そのまま活用できるものではないのですが、危機管理の参考になればとの思いによるものです。

なお、本書のキーストーリーには、いずれかの時に本や新聞で読んだものや学校で習った話、友人からの教示などが混然一体となって含まれております。そのような性格のものでありますので、出典等を記載しておりませんが、ご了承ください。

池田克彦

二〇一六年七月

危機対応 59

マネジメント 91

計画立案 121

人事管理　137

人材育成　165

業務改善 197

本文デザイン・装幀／グラム
イラスト／田中健太朗

はじめの説教

節目の作法

究極の乾杯、普通の乾杯、正しい乾杯

僭越《せんえつ》でございますが、乾杯の音頭をとらせていただきます。

私たちは、気軽に乾杯といっておりますが、乾杯にも歴史がございます。本来、乾杯は、毒殺防止のために、行われました。ですから、最初は、このようにお互いがグラスを接触させて液体を入れあうというところから始まりました。

私は、これを「究極の乾杯」と呼んでおります。しかしながら、この乾杯には致命的な欠点があります。それは、実験すればおわかりになりますが、床の上にこぼしてしまうことが多いのです。

次に、カチンと当てる乾杯があります。これは、仮に杯の中身を同じにしたとしても、同時に飲まなければ意味がないというところからスタートの合図として行ったという一面があります。また、昔は、アルコールの中には悪魔がおり、それが酔いの原因と信じられていました。だから、今でもアルコールのことをスピリット（魂）というのですね。そこで、悪魔の嫌いな

鈴の音を聞かせようと、グラスを当てたともいわれております。

私は、これを「普通の乾杯」と呼んでおりますが、本日、行います乾杯は、このような出自が怪しげなものではありません。一七世紀のイギリスでは、清教徒革命というものが起こり、王様が処刑されました。しかし、イギリス国内には、王様を支持する一派が残っており、この連中が「自分は王党派だ」と合図をするときに、持っているグラスをフィンガーボウルの上でかかげあいました。

これが、今、世界中で行われている、グラスを当てない乾杯のルーツです。しばしば「高価なグラスを割らないために」などと解説する人がいますが、そんなけちな話ではありません。この王党派のやり方が、イギリスのテーブルマナーになり、さらに世界のマナーになったわけです。私は、この乾杯を「正しい乾杯」と呼んでおります。日本においても、格式高く行う場合は、このやり方をとるのが原則です。

それでは、わざわざ、この拙《つたな》い本を読んでやろうという読者の皆様のいやさかを祈念して、正しい乾杯により、グラスを高らかにかかげたいと思います。一つ、お間違えのないように。

乾杯。

【コミュニケーション】

Communication

先入観にとらわれる部下に

「ローマの休日」が「日本の休日」とならないために

プロ野球の試合で投手が打者の頭部にボールをぶつけたとします。「ビーンボールだ。わざとやったな」と打者側のチームメートがグラウンドへ飛び出します。これを見た守備側もマウンドへ駆け寄り、両者の間に一触即発の雰囲気が漂います。実況のアナウンサーと解説者は、「これはいけません。青少年の夢を壊してはいけません」と訳知り顔で訴えます。しかし、これを見ている観客やテレビの視聴者は、心の中でどう思っているでしょうか。たぶん、かなりの人たちは、内心、「もっとやれやれ」と思っているのではないでしょうか。

このような心理、つまり、他人のもめ事を高みの見物で楽しむことを英語で「ローマン・ホリデー」といいます。これは、必ずしも隠語というわけではありません。一九世紀イギリスの大詩人バイロンが使ったのが最初というから結構格調の高い言葉です。

かつて、古代ローマ帝国では、働かなくても最低限の生活を保証されたローマ市民たちは、暇つぶしに闘技場へ行き、奴隷身分の剣闘士たちが殺し合うのを楽しみました。他人が必死になって窮地を脱しようとしている様ほど面白いものはないというわけです。

この故事にちなみ、ローマン・ホリデー（ローマ風休日）という言葉が生まれたのですが、実は、オードリー・ヘップバーン主演の名画「ローマの休日」も原題はローマン・ホリデーです。つまり、映画「ローマの休日」は、ローマにおける休日の意味ではなく、他人のドタバタを楽しむ悪趣味な人たちを意味していたのです。

そして、この題名をつけるためにも、舞台はローマでなければならなかったのですが、初めてこの映画を見たときの世間知らずの私は、ヘップバーンに見とれるばかりで、そんな裏事情は知る由もありませんでした。

ところが、今や、ローマン・ホリデーは、我々の日常生活にも蔓延《まんえん》しつつあります。有名人の離婚を「心配しています」と言いつつうれしそうに伝える一部のマスコミ、酔っぱらいのけんかをはやし立てる通行人、暴走族を取り締まる機動隊に罵声を浴びせるヤジ馬…。

他人の不幸や苦労をストレス解消の種にするのは、せいぜいプロ野球の小競り合いぐらいまでにしたいものです。さもないと、そのうちに、ローマン・ホリデーがジャパニーズ・ホリデーに変わってしまうかもしれないと、なかば本気で心配しています。

先入観にとらわれる部下に

「本日は晴天なり」にみる形骸化する言葉

かつて、機動隊長をしていた折り、雨の日に出動したことがありました。警備現場に到着すると、いつもどおり、通信係が無線の感度を確認するため、「本日は晴天なり。メリット（通信の感度のこと）いかが」と声を上げます。

それを聞いて、私が「今日は雨なんだから、本日は雨天なり、でいいじゃないか」とからかいますと、傍らにいた中隊長が「そういうわけにはいきません。本日は晴天なりには、発音のすべての要素が入っており、無線の感度を確認するには最適なのです」と言います。そこで、私が「本日は晴天なりのどこに発音の要素が入っているのか」と尋ねますと、中隊長は、「うっ」と詰まってしまいました。

実は、「本日は晴天なり」は、英語のit's fine todayの翻訳なのですが、この英文の方に発音の多くの要素が入っているのです。だから、アメリカなどでは、無線の感度の確認にこの言葉を使うのですが、それを日本語に翻訳してしまっては、感度の確認に役立つわけがありません。にもかかわらず、外国でやっているからと形だけ真似をしているわけです。

似たようなものに、寝付けないときは、羊の数を数えればいいという話があります。「羊が一匹、羊が二匹」と数えるわけですが、これも英語からの輸入です。なぜ、英語では羊を数えるのか。それは、まず、羊sheepが単複同形だから、二匹であろうと三匹であろうと複数形にしなくてもいいという点があげられます。次に、sheepと寝るsleepが似ており、暗示効果が出るからです。

つまり、いずれも英語特有の理由なのです。だから、日本語で羊が一匹、二匹と数えるのはほとんど意味がありません。むしろ、羊というのは言いにくい言葉なので、馬とか虎などと言った方がいいのではないかと思います。

逆に、うまく原文の特徴を活かしているのがコンビニ・チェーンであるセブン-イレブンの「セブン-イレブン、いい気分」というコピーです。これは英語のThank Heaven Seven-Elevenの訳なのですが、直訳せず、原文の韻を踏むおかしみをうまく伝えています。人の話を伝える場合、元の話のポイントがどこにあるかをしっかり把握することが大切です。そこを誤ると、まさにトンチンカンな伝言ゲームになってしまいます。

先入観にとらわれる部下に

ナショナルな国際企業の「話半分」

日本屈指の電機メーカー、パナソニック（旧社名・松下電器）の商標は、誰でも知っているナショナルでした。ただし、海外では昔からナショナルとはいわず、パナソニックとしていました。これについては、ナショナルという名前が、いかにも、国家主義的なイメージで、昔の日本の軍国主義を連想させるからというもっともらしい説明を聞いたことがありますが、本当はアメリカで既にナショナルの名が付いた会社が登録されており、ナショナルという商標が登録できなかったということらしいのです。

それはともかくとしまして、ナショナルという言葉は、創業者である松下幸之助氏の欧米先進国に負けまいという心意気が表れているなと常々思っておりました。しかし、これはどうやら違うようです。

松下幸之助は、世界にはばたく国際的企業を目指すという意味でインターナショナルと付けたかったようです。ところが、これではあまりに長すぎると半分にしたというのが真相のようです。松下幸之助が国際的企業でなくても国家的企業であればいいと考えたのかどうか、そのあたりは判然としませんが、いずれにせよ、これで意味が全く逆転してしまいました。

これほど極端ではありませんが、話を半分だけ聞きかじったため、趣旨が全然通じなかったという例は結構あります。今の世の中、一つの原則でわりきれるほど単純ではありません。原則や方針には、必ず、留保がつきます。例えば、警備実施の現場では違法行為は徹底的に制圧しろと言いつつ、被疑者の人権に配慮しろと言います。

あるいは、報道に対して余分なことは一切しゃべるなと言いつつ、報道各社と良好な関係を築けと言います。このような話を半分だけ聞きかじって突っ走ると大変なことになります。特に、指示などを聞く際には、全体の趣旨がどのようなものか、よく理解して対処することが肝要だと思います。

硬直した組織に

後藤田さんは「等」の入った文書をすべて書き直させた

日本の童謡の中には「夕焼け小焼け」というフレーズがしばしば現れます。例えば、「夕焼け小焼けの赤とんぼ」とか「夕焼け小焼けで日が暮れて」といった具合です。しかし、夕焼けというのはわかりますが、「小焼け」というのは一体何でしょうか。空一面に広がるから大焼けというならわからないでもないですが、小焼けというのはわかりません。

いろいろと聞いてみたところ、童謡「夕焼け小焼け」の里を強調する東京・八王子の人などは「小焼け」とは、夕日が沈んだ後、雲が赤く照らされる現象。いわば残照を指す」と言いますが、何とも怪しげな話です。結局のところ、小焼けには何の意味もないようです。要するに、小焼けというのは、単にリズムを整えるために添えられた飾りの言葉ということなのです。なんだか馬鹿みたいですが、私たちが文章を書くときも似たようなものがあります。それは、「等」という言葉です。

自分自身を振り返っても、法令や通達はもちろん、あいさつ文や講演の原稿などでも、すぐに「等」という言葉を付けてしまいます。なければ、なんとなく不安になるし、リズムが狂うような気さえします。しかし、虚心坦懐《きょしんたんかい》に文章をみた場合、少なくとも一般人の感覚からすれば「等」は余計な存在です。

かつて、内閣官房長官だった後藤田正晴氏が公務員の書く文章の最大の欠点は「等」が多すぎることだと言われて、「等」が入った文章はすべて書き直しになりましたが、正鵠《せいこく》を得ています。確かに、法律や条例、あるいはこれらの解釈通達のようなときは厳密さが要求されますから「等」は必要かもしれませんが、普通にしゃべるときは不要です。例えば、警察学校の入校式の訓示で「勉学や武道等に励み」と言わず、「勉学や武道に励み」と言ったとしても、点検や教練が抜けていると文句を言う人はいないでしょう。

「等」だけでなく、無用な言葉を自己満足のリズムで書かないこと、これが公文書改革の第一歩です。

先入観にとらわれる部下に

NYヤンキースを真似したYGの勝手読み

プロ野球の読売ジャイアンツ、つまり巨人軍の帽子のマークをご存じでしょうか。YとGの組み合わせです。Yは読売の頭文字で、Gはジャイアンツの頭文字です。このようなマークになったのには理由があります。それは、当時も今も、アメリカ大リーグの看板チームであるニューヨーク・ヤンキースのマークがNとYの組み合わせだったからです。巨人軍は、それを見習ったのです。

しかし、実は、ここに巨人軍の大いなる誤解がありました。というのは、巨人軍は、Nはニューヨークの頭文字、Yはヤンキースの頭文字と理解したのですが、本当は、Nはニューヨークのニューの頭文字、Yはヨークの頭文字だったのです。これは、他のチームを見てもわかります。ロサンゼルス・ドジャースはL（ロス）とA（エンゼルス）です。セントルイス・カージナルスは、S（セント）とL（ルイス）の組み合わせです。

英字新聞などを見るとわかりますが、アメリカの大リーグのチーム名は、すべて本拠地の都市名で表されています。それほど所在地との一体感が強いわけで、ニックネームは、あくまでもニックネームにすぎないのです。大学のアメリカンフットボールで日大フェニックスとか京大ギャングスターズとかいっても、新聞などでは、日大、京大としかいわれないのと同じです。また、このような住民との一体感を見習おうと正式な略称を都市名にしたのがサッカーのJリーグです。

いずれにしましても、企業中心で発足した日本のプロ野球関係者には、アメリカのこのような考え方がわからず、シンボルマークの思想を自分流に勝手読みして、結果的に間違ってしまったわけです。

これは我々も心すべきことです。管理者対策や他官庁折衝などで、我々は警察の立場でこうしてほしいと要求します。すると相手があっさり同意したり、あるいは最初から同意見であったりする場合があります。

そんなとき、ご同慶の至りで終わらせず、結論に至る相手方の考え方をしっかり検証しておくことが大切です。さもないと、状況が変わったとき、相手方がどのような対応をとるかわからないからです。やや極端な言い方かもしれませんが、相手が同意見のときこそ注意が必要だと思います。

現場の大切さを忘れないために

ビーフシチューを「肉じゃが」にした現場のアレンジ力

本日は、交通安全の集いにお招きいただき、ありがとうございます。今年は、年当初から死亡事故が多発し、警察も全力でその抑止に取り組んでいるところですが、なかなか歯止めがかかりません。県民をあげた幅広い取り組みの必要性を痛感しておりますが、ここにいらっしゃる皆様のご理解とご協力をお願い申し上げる次第です。

ところで、今日五月二七日は戦前の海軍記念日、つまり、日露戦争において日本海海戦があった日です。ロシアのバルチック艦隊を東郷平八郎元帥率いる連合艦隊が撃破した日ですが、実は、東郷元帥が後世に遺したものがほかにもあります。それは肉じゃがです。

東郷元帥は、若い頃、イギリスで生活したことがあるのですが、帰国後もそのとき食べたビーフシチューが忘れられず、軍艦の調理人にこういうものを作ってくれと頼んだそうです。ところが、調理師の方はよくわからず、手に入る材料を使い、自分なりにアレンジして作ったのが肉じゃがだったのです。ですから、今でも、旧軍港であった舞鶴と呉が肉じゃが発祥の地を争っています。

さて、私は、皆様方関係団体のお仕事は、肉じゃがを作ることではないかと思っております。つまり、警察や行政機関は、いわば机上の理屈で県民運動はこうあるべきだということを言います。まさにビーフシチューを作れと言っているようなものです。しかし、世の中、そう理屈どおりにはいきません。運動に参加できる人も限られていますし、人によって意識も違います。とてもビーフシチューなど出来ないし、また、口にも合わないでしょう。

そこで、地域の実情にあったメニューに変える必要が出てきます。いわばビーフシチューを肉じゃがに変えるアイデアが必要になるのです。そして、その役割を担っていただくのがご列席の皆様ではないかと存じます。

どうか、私どもの至らぬ点を補っていただき、県民の皆様に受け入れられる幅広い運動を展開していただくようお願い申し上げます。

先入観にとらわれる部下に

長篠の合戦のうそと俗説に惑わされない仕事

世の中、明らかに間違っているとわかっていても、一度出回った話は、なかなか、消え去るものではありません。

例えば、戦国時代に織田信長が武田勝頼を破った長篠の合戦というものがあります。当時最強といわれた武田の騎馬軍団を織田の鉄砲隊が撃破したとして、いわば戦術の新旧交代のような存在となり、しばしば、会社の社長さんなんかが「新しいやり方を考えなければ時代に取り残されるぞ」という訓示をするときの例に使われます。

しかし、本当は、武田の騎馬軍団などというものは存在しません。今、テレビなどの合戦シーンで騎馬武者がまたがっているのはサラブレッドです。ですから、騎馬武者が戦場を駆け回る勇壮なシーンが演出できるのですが、当時、日本にはサラブレッドはおろか大型の馬はいませんでした。いたのは、ポニー程度の小型の馬だけ。とても、戦場を駆け回ることなどできませんし、さらに去勢の技術もなかったので、乱戦での制御も不可能です。ですから、馬は、もっぱら移動用であり、戦場ではほとんど使われませんでした。

では、武田の主力は何かというと、織田と同じ鉄砲だったのです。一方、織田軍の鉄砲の三段構えもうそ。当時の鉄砲でそんな芸当ができるわけありません。

というわけで、長篠の合戦は、新旧対決ではなく、新新対決であったのですが、いまだに新旧対決という俗説が広く信じられています。一度根付いた俗説がいかに払拭しがたいかを示しています。

同じような俗説に民事不介入の原則（警察が民事紛争にかかわるべきではないという考え方）というものがあります。この原則なるものは、もう四〇年も前に否定されたというのに、いまだに亡霊のように世の中をさまよっています。この原則は、行政法学上の警察についていわれたもので、現実の警察とは直接関係ないのですが、警察が民事問題に利用されないようにという趣旨で使われだしたのでしょう。しかし、法的には何の根拠もないものです。民事であろうがなかろうが、警察は違法な行為を取り締まるのが仕事です。このようなつまらない俗説に惑わされないようにしてください。

先入観にとらわれる部下に

カサブランカはホワイトハウスではない

第二次世界大戦の最中の一九四三年、アメリカのルーズベルト大統領とイギリスのチャーチル首相が、北アフリカにあるカサブランカという港町で、首脳会談を行いました。その後の戦争の帰趨《きすう》を決める重要な会談でしたが、この会談が行われるという情報は、ナチス・ドイツの情報機関の知るところとなり、いち早く、ヒトラー総統に伝えられました。

ヒトラーは、直ちに、この会談を阻止しようと考えたのですが、その開催場所を聞いて、これは無理だとあきらめたのです。今も申しましたように、開催場所は、北アフリカのカサブランカです。この街を舞台としたハンフリー・ボガートとイングリッド・バーグマンの有名な映画の題名にもなっていますし、戦後の日本では、沢田研二のヒット曲の題名にもなっています。そのおかげで、今では、健全な常識を持つ成人であれば、誰でもカサブランカを知っているのでしょうが、当時は、必ずしも、そうではありませんでした。少なくとも、ヒトラーは、知らなかったようです。そこで、どう考えたか。

実は、カサブランカとは、スペイン語で、カーサとブランカに分かれます。カーサとは、家ということです。マンションの名前で「カーサ青山」なんていうのがありますが、それは、このスペイン語からきています。一方、ブランカとは、白いという意味です。すなわち、カサブランカとは、白い家という意味なのです。これを英語で言うと、ホワイトハウスとなります。

つまり、ヒトラーは、この両首脳の会談は、アメリカ・ワシントンの大統領府、ホワイトハウスで行われると誤解してしまったのです。いかに、ナチス・ドイツといえども、アメリカ本土で行われる会議までは阻止できないと、ヒトラーは、会談を邪魔することをあきらめたのです。しかし、北アフリカのカサブランカであれば、ドイツは十分影響力を行使できましたから、うまくいけば、会談を阻止できたかもしれません。

ヒトラーは、自分の狭い知識で即断してしまったため、みすみす、チャンスを逃したのです。当たり前だと思うことでも、一度立ち止まって検証することが大切だと思います。

硬直した組織に

法はハードウェア、言葉はソフトウェア

仮に、お祭りとか花火大会の会場で、立入禁止の場所から見物している人がいたとしたら、皆さんは、どのように声をかけますか。私の知人で、禁を犯して、立入禁止の場所に入ったふらちな人物がいます。彼は、警察官に見つかったとき、こっぴどく叱られると思ったようですが、意外にも、その警察官は、「そこは、足場が悪くて危ないんですよ」と言って、手を差し伸べてくれたそうです。彼は、感激して、その場所をすぐに出ました。

私は、この話を聞いて、二つの感想を持ちました。一つは、言葉の使い方の重要性です。同じ警告や注意をするにしても、ちょっとした言葉遣いで与える印象が全く変わります。仮に、このとき、警察官が「さっさと出ろ」などと言っていたら、言われた方も反発したでしょうし、どのような展開になったかわかりません。今一つは、心のゆとりの大切さです。言葉遣いの重要性を認識していたとしても、ゆとりのないギスギスした心で勤務していたら、とっさにこのような一言はかけられなかったでしょう。

今さらいうまでもありませんが、警察官は法の執行者であり、法令は我々の行動の規範です。コンピュータの世界でいえば、法はハードウェアの部分といえるでしょう。一方、法を運用するのは、我々の言葉であり、心です。そして、それは、いわばコンピュータのソフトウェアにあたると思います。

ハードウェアである法や警備方針は、普遍的でなければなりませんから、個々人の判断の入る余地はあまりありませんが、それを運用するソフト、すなわち、言葉や心は、まさしく個人の問題です。そして、これこそが仕事をスムーズに行う鍵なのです。

実際、現場で発生する紛議の九〇パーセント以上は、こうした言葉の行き違いから起きています。警察の仕事を達成するためには国民の協力が不可欠であるとよくいわれますが、そのためのポイントはこういうところにあるのだと思います。皆さん方には、最新、最高のソフトの開発をお願いする次第です。

「プロの仕事」を問われたときに

人力車の「上から目線」とTDLの配慮

最近はレトロ・ブームというのでしょうか、観光地で人力車をしばしば見かけます。人力車は、明治時代に作られた日本独特の乗り物です。明治二年、一八六九年に発明されたのですが、たちまち大評判になりました。これには、もちろん、従来の駕籠《かご》とか輿《こし》に比べて、乗り心地がよく、スピードが速いという点もありました。

しかし、それだけでなく、一般庶民にとって大きな魅力があったのです。それは、上から下を見下ろすことができるということです。

江戸時代には、どんな金持ちでも、大名と出会えば、ひざまずかなければなりませんでした。つまり、下から上を見上げるスタイルで、これが庶民の基本的な姿勢だったのです。一度上からみんなを見下ろしてみたい、そんな庶民の屈折した感情を解消してくれたのが人力車であったというわけです。

このように、人は、上から見下ろされるのを本能的にいやがるものなのです。職務執行にあたっても、この点には十分留意し、相手を見下ろすような態度や高圧的な姿勢は厳に戒めなければなりません。

平成六年に、ひどい米不足があり、なかなか、国産米が入手できなかったのですが、東京ディズニーランドでは、そのときでも契約先から安定的に国産米が入手できたといいます。しかし、ディズニーランドは、その米を使いませんでした。なぜなら、そういうことをすると、国産米を入手できない客に劣等感を抱かせることになりかねないからです。だから、あえて外米を使ったのです。我々は客商売ではありませんから、ここまで考えなくてもいいのかもしれません。しかし、相手にいやな感じを与えないかという点についてここまで配慮している、その姿勢は、学ぶべきだと思います。

大局の見えない部下に

千手先を読める棋士と情報を捨てる技術

プロの将棋指しというのは、子供の頃から修行を積みます。全国から天才少年といわれる子供たちが集まり、切磋琢磨しながら能力を磨いていきます。その中でも正式のプロになれるのは、原則、年間四人と決まっていますから厳しい社会なのです。

さて、その強いプロ棋士たちは、一体、どのくらい手が読めるのか、興味のあるところです。なかには、本当かどうか知りませんが、千手先まで読めるという人もいるようですが、彼らにとって、手を多く読めるというのはさほどの関心事ではないようです。彼らは、手を多く読むだけでは勝てないと言います。むしろ、大切なことはいかに読んだ手を捨てるか、あるいは優先順位を付けるかだと言うのです。

彼らの言う「手」は、情報という言葉に置き換えられるでしょう。情報を集めることは重要なことですが、その情報を捨てる、あるいは優先順位を付けることはそれに劣らず重要なことです。そして、この捨てる作業、優先順位を付ける作業こそ、管理者たる幹部の仕事だと思います。

また、念のため申し添えますと、情報というのは、公安や暴力団対策のような一部の所属でのみ扱う特殊なものではありません。どの所属で扱う仕事もすべて情報に還元されます。だから、情報をいかに取捨選択するかは、すべての幹部に共通する仕事なのです。

全国会議などで見ておりますと、時間が押しているため、司会が簡潔にお願いしますと言っているにもかかわらず、担当者が書いたとおぼしき原稿どおり読み上げる部課長がおりますが、このような人は、臨機応変の情報の取捨選択ができていないというべきです。情報をいかに捨てるかが幹部の仕事とご認識いただきたいと思います。

硬直した組織に

二種類の非常口表示と「細部のある指示」

人間というのは、目の前にあるものであっても、意外と見えないものです。特に、細かいところまでは、なかなか目が行き届きません。例えば、この警察本部庁舎のロビーや廊下に非常口という表示が数多くあるのは、なんとなくご存じでしょう。しかし、この表示に二種類あるということにお気付きの人は、それほどいないと思います。

一つは、緑地に白文字で「非常口」と書かれており、もう一つは、白地に緑の文字で「非常口」と書かれ、矢印が示されています。これは、別に趣味で書き分けているのではなく、意味があります。緑地に白文字で書かれているのは、ここに非常口がありますという意味です。一方、白地に緑で書かれているものは、非常口へ誘導する表示ですから、非常時にここに逃げても何もありません。

このように、人は、大まかなことは認識できても、細部についてはなかなか関心を持てないものなのですが、実は、最終的に成果を決定するのは細部なのです。今申し上げた非常口の例でも、いざ火事になったとき、どちらの非常口に逃げるべきかを知っているか、いないかで生死を分けることにもなります。仕事でも同様です。調書の中に余分な一言が入っていたばかりに、その調書の証拠能力が否定されることもあれば、逆に高い証明力を獲得する場合もあります。事件が、その細部においてつじつまが合わなかったため、立件できないなどという例は、枚挙にいとまがありません。

そこで、皆さん方も、現場に指示される際には、大まかに「仕事を頑張れ」とか「勤務規律を守れ」というだけでなく、着眼点を具体的に細かく指示していただきたい。すると、それを受け、中間幹部はより細部にわたり指示をし、一線勤務員も細部に関心を持つようになります。

「神は細部に宿る」という言葉もあります。細部に注意を払っていただくようお願いします。

緩みがちな組織に

西南戦争が教える、通信の大切さ

明治新政府が最初に直面した危機、それが西南戦争です。

徳川幕府を倒し、新しい政権を作ったものの、新政府には、まだまだ課題が山積していました。特に、問題であったのは、不平士族の取り扱いです。幕府が倒れれば、きっと自分たちの時代が来ると思っていたのに、武士の権限は取り上げられ、生活は苦しくなる一方の士族の不満は全国で高まっており、特に、鹿児島においては独立王国を建設せんばかりの勢いでした。その連中が、政府を離れ戻ってきた西郷隆盛を頭として迎え、蜂起したのが西南戦争です。

薩摩軍は、当初、政府の軍艦を奪って、東京、大阪を急襲する作戦でしたが、正々堂々戦うべきだという意見に押され、陸路を行ったのが失敗でした。熊本城一つ突破することができず、惨敗したのです。

さて、士族で編成され、強いと目された薩摩軍の敗戦は、新政府軍の装備が質量ともに上回っていたことによると一般に認識されています。もちろん、それは間違いではないのですが、それだけではありません。

当時日本に導入されたばかりの電信の力が大きかったのです。この頃、既に熊本と東京を結ぶ線は架設されていましたが、さらに、新政府軍は、戦略上の要衝にどんどん架設していったのです。そして、この電信の力を使って、戦いの現状を把握し、的確に応援や補給を行いました。これが農民中心の新政府軍に勝利をもたらした、もう一つの要因です。

組織にとって、通信は要であり、生命線です。常に、第一線との意思の疎通がうまくいっているか確認し、組織の力を最大限発揮できるよう配意をお願いします。

緩みがちな組織に
鷗外のプライドが生んだ悲劇と「意見を聞く姿勢」

今朝、新聞を読んでおりましたら、世界的な細菌学の権威である北里柴三郎博士が北里研究所を創設したのが、本日、一一月三〇日であると書かれていました。その記事は、続けて「北里研究所は、日本初の民間の研究所であり、それまでの国公立の研究施設にいいものがなかったため、創設された」というようなことを述べておりましたが、これは正確ではありません。

実は、北里は、当時、日本の風土病ともいわれた脚気《かっけ》について、ビタミンB1の不足が原因であると述べたため、陸軍とそれに結び付いている東大医学部、文部省の不興を買ったのです。当時、陸軍の軍医は、東大医学部が主流を押さえており、両者が一緒になって、脚気は細菌により引き起こされると主張してきました。

その中心にいたのが、陸軍軍医であり、文豪である森鷗外ですが、彼は、北里に中傷まがいの攻撃を加えるだけでなく、海軍が脚気対策として採用した玄米食を排し（海軍は、経験則上、玄米食が脚気に効果があると知り、陸軍や東大と一線を画していた）、白米食を推進しました。

いずれにせよ、北里は、東大と文部省により国公立施設に職を得ることができず、困っていたところ、窮状を見かねた慶応義塾の福沢諭吉が資金を出し、創設されたのが北里研究所です。

さて、北里の献策を無視した陸軍はどうなったかというと、白米偏重のため、日露戦争で大量の脚気患者を出し、さらに戦死者と変わらないといわれるほどの数の人々が脚気で亡くなりました。結局、森鷗外らのプライドと意地がこのような悲惨な結果を招いたわけです。

我々も治安のプロとしてのプライドを持つことはいいことですが、しかし、そのために警察署協議会や市民の皆さんからの提言などを「しょせん、素人の意見」とか「現実を知らない空論」などと門前払いするようなことがあってはなりません。私自身を含め、心すべきことだと思います。

先入観にとらわれる部下に

文字面ではわからないことをきちんと伝える意義

先日、明治時代を舞台とするドラマを見ていると、ロシアのことを「おろしや」と呼んでいました。なぜ、ロシアのことを「おろしや」と言っていたか不思議に思われるむきもあるかと思いますが、明治時代においては、耳で聞いた発音をそのまま単語の読みとしていたことによります。

「R」については、直前にあ行の音が聞こえていたらしく、そこで「ロシア」が「お・ろしゃ」となったようです。ちなみに中国では、今でも「俄羅斯（オロシア）」と表記します。

また、明治時代の辞書には、「赤」のことが「うれ」と書かれていますが、これも「RED」の「R」の前にあ行の音である「う」が聞こえる一方で、最後の「D」の音は聞き取れなかったせいでしょう。

しかし、現代人は、文字から単語の読み方をとらえます。とすれば、今のことだけを学んでいる現代人には、なぜ「おろしや」と言うのか理解できないことになります。

現在、警察官一人ひとりの資質の向上を図る施策の一環として、技能伝承官やシニア・アドバイザーの方に伝承教養をやっていただいていますが、これは後から本や資料を読んだだけではわからない貴重な経験や感覚を伝えていただく趣旨も大きいといえます。心して聞いてほしいと思います。

先入観にとらわれる部下に

都合がいい情報だけ受け入れる脳の癖に対処する

朝、子供たちがテレビのチャンネルを頻繁に変えています。何事かと見ていると、どうやら、星占いのはしごをしているようです。「そんなに星占いを信じているのか」と尋ねると「うーん、それほどでもないけど、まあほどほどに」という返事。

そういえば、特に若年層を対象とする雑誌には、必ずといっていいほど、星占いや血液型占いが掲載されています。また、書店に行けば、占い本だけでなく、奇跡や霊能力などの存在を論ずる本が次から次と目をひきます。科学技術が万能という感がある現代、それと裏腹に人智を超えたパワーの実在を信じる人が増えつつあるように思います。

どうして、この手の話がはやり、また、多くの人に受け入れられるのでしょうか。ある専門家によると、それは脳のメカニズムと関係があるといいます。つまり、人間の脳は、ある仮説を立てた場合、その仮説に都合のいい情報ばかりを受け入れ、逆に都合の悪い情報は拒否するといいます。例えば、血液型がA型の人は「A型の人はこういう性格ですよ」とか「A型はこういう運命ですね」と言われた場合、自分の過去を振り返って、その指摘に合致する部分のみを思い出し、逆に合致しない部分は頭の中から追い出してしまう。そして、「確かに血液型占いは当たる」と確信するに至るというわけです。

さて、今述べたような脳のメカニズムは、事務を効率的に処理するために存在するとされます。確かに、事務処理の効率化は、情報の取捨選択に負うところが大きいと思います。山のように情報を抱えている者ほど仕事が遅いというのは、逆説的ながら、一面の真理です。

しかし、そうだとすると、このメカニズムは、我々の日常生活において最も機能することになります。私たちは、仕事や家庭のいろいろな場面で計画や見通しを立てますが、気付かないうちにこのメカニズムに乗せられているということはないでしょうか。しっかりした根拠に基づいた確かな計画と自分では思っていても、実は、その根拠なるものは知らず知らずのうちに自説に都合のいいものばかり集めていたということはないでしょうか。

ときに、自らの脳の働きを疑い、物事を虚心坦懐《きょしんたんかい》に見つめ直すことも必要ではないかと思います。

硬直した組織に

「フレッシュレディーを守ろう」という標語の問題点

先日、学生時代の英語の先生とお会いする機会がありましたが、その折り、先生から「どうして、あんな変な商品名を付けるのだろう。いやな顔をしている外国人は多いよ」と言われました。

どんな名前ですかと尋ねますと、「例えば、クリープとかポカリスエットとか」と言います。クリープとは「這う」という意味（ただし、creepとcreepで綴りは少し違う）でいやなイメージ、ポカリスエットのスエットは「汗」ですからいかにも汗まみれという印象だと言うのです。確かに、「這いずり」とか「汗だく」という商品があったら、あまり購買意欲は湧かないでしょう。

日本では、外来語を使うとなんとなくイメージが良くなってしまうため、商品名や標語に外来語がよく用いられますが、これだけ世の中に英語が浸透してきているのですから、意味や受け取り方を考えず、語感だけで言葉を選定するのは少し考えものです。

先ほど、痴漢対策の標語として、「フレッシュレディーを守ろう」というのがありました。フレッシュというのは語感としてはいいのですが、英語としては新米、青二才、生意気というニュアンスも強く、「世間知らずの生意気な女性を守ろう」というような意味になってしまい、どうかなという気がします。

そこまで深読みはしないにしても、フレッシュを新たに社会に加わる新人と理解される可能性は十分あります。すると、なぜ、痴漢対策で新人だけを守ろうと呼びかけるのかという疑問が生じます。

痴漢被害が新人に特に多いというデータがあるのならともかく、それ以外の女性の被害も頻発している現状では、少数の新人だけを対象にしているともとられるこのような標語は、女性一般から反発を招くおそれもあります。

標語には、イメージも必要ですが、意味や反響などをよく考えることも重要だと思います。

硬直した組織に

「交通安全意識の醸成に特段の配慮」を大和言葉訳せよ

ただ今、交通安全運動に向けた広報番組のビデオを見せていただきましたが、お年寄りや家庭の主婦も見る、一般向けの広報にしては少し言葉遣いが難しすぎると思います。難しすぎるという意味は二つあります。

一つは、漢語が多すぎるということです。一般に日本語の文章の難易度は、一つのセンテンスの中の漢語の数で決まるといわれます。漢語が多ければ多いほど難しさが増すわけです。今のビデオの中には、例えば、「今後、交通安全意識の醸成に特段の配慮をします」などという文言がありましたが、この短い文章の中に五つも漢語が入っています。

これでは、難しすぎて、敬遠されます。漢語というのは、内容を要約して伝達するのには適した言葉です。ですから、役所内部で使うのには優れものなのですが、これをそのまま一般向けに使うのはいかがかと思います。「これからは、交通安全の心が養われるよう、特に気を付けていきます」でいいのではないでしょうか。

難しすぎるという意味の二つめですが、漢語の中でもあまり使われないものや専門用語が使われているという点です。例えば、今の「醸成」がそうですし、「単路」とか「部局連携」という言葉も専門家以外にはすっと入っていかないでしょう。世の中でよく使われる言葉かどうかということも考えるべきです。

大和言葉は、日本古来の言葉であり、日本人の感性に訴えます。もちろん、漢語すべてを言い換える必要はありませんし、そもそも不可能なことですが、簡単に言い換えができる場合には、大和言葉を使った方が県民、市民にアピールできると思います。

硬直した組織に

「頑張って探す」「難しい」はどちらが先か

このところ、県警に寄せられる苦情などをみていますと、言語態度に関するものが多く、その点を改めると、この種の苦情はだいぶ減り、処理にかかる事務量も相当削減できるのではないかと思います。

言葉遣いについていえば、乱暴な言葉やタメ口など言葉そのものに問題がある場合が一番多く、この点に最も注意しなければならないのはもちろんですが、それだけでなく、言い回し、言葉の順序にちょっとした配慮を欠いたばかりに苦情に発展している例もあります。例えば、前日に落とした財布を探してほしいという届け出がなされたとき、次のどちらの言い方で答えるのがいいと思いますか。

⑴ 難しいけれど、頑張って探してみます。

⑵ 頑張って探してみますが、難しいですよ。

届け出をした人の立場からすれば、断然⑴です。このような場合、後で言う言葉の方が強い印象を残すからです。

⑵のような言い方をすると、この警察官はやる気がないと受け取られるかもしれず、場合によれば、苦情になるおそれすらあります。

忙しい日常生活の中で、いつもいつも百点満点の言葉遣いをすることは難しいと思います。しかし、言葉のちょっとした順序で相手に与える印象が全く変わってしまうということは心得ておくべきでしょう。もちろん、これは日常の会話に限られるわけではありません。調書とか報告書といった文書の作成に当たっても、同様のことがいえます。何かの参考にしていただければと思います。

大局の見えない部下に

「吾輩は猫である」にも背景がある。言葉の前提を読め

夏目漱石の名作「吾輩は猫である」の書き出しは名文として有名です。ご承知のとおり「吾輩は猫である。名前はまだない」というものですが、批評家によると、一介の野良猫がいきなり大上段に「吾輩」とミスマッチの言葉を使い、そして、直後に「名前はまだない」と落とす、この軽妙なテンポがとてもいいというのですが、実は、この文章、漱石のオリジナルではありません。

一七世紀から一八世紀のイギリスの小説は、冒頭で主人公が自己紹介をするのが通例でした。ロビンソン・クルーソーやガリバー旅行記など、日本で知られている小説でも、冒頭で主人公の自己紹介がされています。英文学者でもあった漱石にとっては、このことは常識ですから、「吾輩は猫である」では、そのパロディをしてみせたわけです。それが意外にも、日本では名文となってしまったわけですから、漱石も苦笑いをしたことでしょう。

また、私がかつて機動隊長をしていた折り、ある隊員が「連合艦隊解散ノ辞」をもじった、面白い作文を書いているのを見つけました。ところが、担当中隊長は、これを赤字で添削し、全く平板な文章にしてしまっているのです。おそらく、中隊長は、「連合艦隊解散ノ辞」を知らなかったのでしょう。

このことからわかるとおり、文章とか言葉というものは、その前提を断ち切ってしまうと、評価が全く変わってしまうものなのです。かつて、警察庁交通局の幹部が「交通警察の仕事は命懸けでやるほどの仕事ではない」と発言したことが全国警察で話題になりました。とんでもない発言をする幹部だというわけです。しかし、これには、前提があります。実は、この言葉、白バイの殉職事案を防がなければならないという文脈の中で出てくるものなのです。つまり、この幹部は、無理な取り締まりをして、命を失うようなことがあってはならないと論じていたわけで、決して、交通警察の仕事を軽んじていたのではなかったのです。

このように、指示などを聞く場合、常に前提や全体の流れを把握しておく必要があります。その部分だけを切り離してしまうと、真意をつかめなくなります。

若い人に

「関東軍、満州…」語源がわかると歴史がわかる

先日、若手の皆さんと話をしていて、意外なことに気付きました。それは、戦前の満州にあり、軍部暴走の元凶とされる関東軍についてです。この部隊をなぜ関東軍と呼ぶかについて、知っている人はほとんどおらず、なかには、関東地方から派遣されている部隊と誤解している人もいました。

本当は、日露戦争後、中国から租借した遼東半島南部を関東州と呼び、そこの守備隊だから、関東軍という名があるのですが、さらにルーツをたどって、なぜ、この地域を関東州というのかと言えば、それは、漢民族の国土防衛ラインであった万里の長城の東端である山海関の東にあるからです。

ついでに申しますと、かつての満州、今の中国東北地方は、中国においては関外と呼ばれていました。なぜ、こういうのかと言いますと、今述べた山海関の外だからであり、漢民族本来の支配地の外というニュアンスがあるように思います。また、満州という名は、今はサンズイの付かない「州」という字を充てますから、いかにも中国の一州という感じがしますが、正しくは満洲と書き、ここを支配していた女真族という北方民族が文殊菩薩(マンジュシュリー)を崇拝するあまり、マンジュと自称したことによるものです。

このように考えますと、なぜ、ここに満洲国という中国と別の国家を作ろうという発想を当時の日本政府や軍部が持つに至ったか、よくわかります。

歴史に限らず、名称というのは大変重要なもので

す。そのいわれを確かめ、あるいは意味を知ることにより、事柄の意外な一面や担当した人々の考え方に触れることができます。とにかく暗記してしまおうというやり方に比べると、一見、迂遠《うえん》に見えるかもしれませんが、より正確で深い知識が得られるのではないでしょうか。

新婚の二人に

玄関の奥に細くて狭い道。そこを二人で渡っていきなさい

それぞれの家には玄関がありますが、この玄関という言葉はもともとは仏教用語でした。悟りに至る関門というくらいの意味です。

これがいつしか寺院の入り口のことを指すようになりました。お寺に入るのは悟りの第一歩ということでしょうか。さらに、これが公家屋敷や武家屋敷の入り口に転用され、今では、一般家庭の入り口にまで使われるようになりました。マンションの狭い入り口を玄関というのはいささかおこがましいという気もしますけれども。

さて、今日、お二人は、幸せに至る玄関に立ったわけであります。しかし、この入り口は、関門というくらいですから、とても細く、小さな入り口です。二人が力を合わせなくてはとても入れません。そして、入った後も、細く狭い道が続き、その向こうにやっと幸せが見えてくるのだと思います。二人がそれぞれ勝手なことばかりしていては決して行き着けない道のようです。

今日、新居に帰られましたら、お二人で入り口のドアを見て、これが幸せに至る玄関だと思ってください。そして、その向こうに細く狭い道が続いてい

るのだと感じてください。今までは、ドアを開けると自分一人の世界で、酒を飲もうがごろ寝しようが自分の勝手でしたが、これからはそんなことをしていると、この細い道を渡っていけません。私にこんなことを言う資格はないのですが、お互いのことを気遣い、いたわりあう心がなければ、この道は決して渡れないと思います。

ですから、今日は、このドアは昨日までのドアと違う新たなドアなんだと心の中で思ってください。そうすれば、きっと幸せに近づけると思います。ご多幸を祈ります。

新婚の二人に

「聞き上手」は家庭円満の秘訣だ

新郎は、今申し上げましたように、大変優れた人材であり、まさに前途洋々たるものがあります。ただ、今後幹部への道を歩むに当たって、一言だけアドバイスをするとすれば、それは聞き上手になるということです。

論語の中でも、君子の条件に「聴思聡」、つまり聞き上手があげられていますが、それだけ人の話を聞くのは難しいということです。なぜか、それは、人間というものは、人の話を聞くより、自分がしゃべるほうが好きだからです。だから、上司と部下がフリーに話をすると、ほとんどの場合、上司が話し役、部下が聞き役になります。そして、上司は情報不足に、部下は欲求不満になってしまいます。そうならないためにも、ぜひ、今から聞き上手を心がけていただきたいと思います。

ところで、この聞き上手は、また、家庭円満の秘訣でもあります。江戸時代の小話にこんなものがあります。

結婚して半年、亭主がしゃべり、女房が聞く
結婚して三年、女房がしゃべり、亭主が聞く
結婚して一〇年、両方が大声でわめき、隣人が聞く

つまり、結婚して月日がたつと、どうしても自己主張が強くなり、お互いの話を聞かなくなるということですが、逆に、それを自覚して、相手の話を聞くという姿勢をとることにより、いつまでも円満な家庭を築くことができるということではないかと思います。

ぜひ、しゃべるだけでなく、お互いの話に耳を傾け、幸せな家庭を作り上げてください。

先入観にとらわれる部下に

推理作家の事件筋読みはなぜ当たらないか

日頃のテレビを見ての感想ですが、しばしば難事件が発生したとき、推理小説家が登場していろいろな推理を口にしています。しかし、その推理が当たったのを見たことがありません。そもそも推理小説家は、自分が作った謎を自分で解いているだけですから、現実の事件に対応できないのは当然です。

ところで、推理小説と現実の大きな相違点は、処理すべき情報の量が全く異なるということだと思います。推理小説は、はじめから容疑者が数人に絞られていて、その中から誰かという犯人当てゲームが展開されますが、現実の殺人事件などでは関係者が

極めて多いだけでなく、いわゆる行きずりの犯行かもしれず、当初から容疑者が数人に絞られることは、まず、あり得ません。つまり、現実の事件では、情報量が極めて多い中で、これをいかに取捨選択していくかが重要となるのであり、推理小説家の推理が当たるはずがないのです。

さて、それでは、情報をいかに取捨選択するか、いらない情報をいかに捨てていくかでありますが、それを判断するには、日頃の情報収集活動が不可欠でしょう。つまり、ベースとなる情報を積み上げておくことが大切なのです。

その意味で、巡回連絡とかパトロールでの情報収集等を日頃からきちんとやっていくことが事件の解決、さらには警察の足腰を強くする大きな要素です。

ぜひ、常日頃から地道な活動を行うように指導してもらいたいと思います。

「プロの仕事」を問われたときに

「得意技を出すアマ」と「得意技を殺し合うプロ」

先日、全日本柔道選手権を観戦する機会に恵まれました。さすがに、日本を代表する選手たちとあって、どの試合も白熱した好勝負でしたが、きれいな一本勝ちはほとんどなく、多くは、僅差《きんさ》の判定でした。

私も、仕事柄、いろいろなところで柔道の試合を見ますが、総じて初心者に近い者の対戦ほど鮮やかな勝ちが多いようです。例えば、若手警察官大会のような、警察官になってから柔道を始めた者同士の対戦では、あっという間に大技で勝負がつくことも少なくありませんが、機動隊対抗試合の大将戦などでは、引き分けや僅差の勝負になることが多いのです。技を多く持っている者の試合の方が技が出ないというのは、いささか不思議な話ではありません。

以前将棋のプロ棋士に、プロとアマの違いはなんですかと聞いたことがあります。彼は、少し考え、次のように答えました。「アマは得意技を出し合いますが、プロは相手の得意技を殺し合います。だから、プロの将棋で大技が決まることはほとんどありません」。なるほど、そういうものかと感心しましたが、おそらく、柔道でも同じなのでしょう。レベルの高い試合ほど相手の技を封じることにエネルギーが注がれるのです。

ところで、しばしば国会の論戦などについて、「批判しあうだけでなく、もっと建設的な議論を」という論評を新聞などで見かけることがあります。その言わんとするところはわからないでもありませんが、見方を変えれば、批判をしあうというのは、お互いの施策の弱点を指摘し、それを検証する過程であるともいえます。いわば、高段者同士がお互いの技を封じあっている構図に似ているように思えます。

大昔ならいざ知らず、今の世界で、これをやれば問題はすべて解決などという方策などまずありえません。必ず、デメリットやリアクションがあるはずであり、その点を十分に検証してこそ、レベルの高い政治や行政というものです。

やたら、水際だった、大向こうから喝采《かっさい》を受ける魔法のようなアイデアがあったとすれば、それはどこかに落とし穴があると眉《まゆ》につばをつけた方がいいかもしれません。

硬直した組織に

「やくざ」を「やんちゃ」と変える迎合。苦情を恐れるな

少し以前のテレビCMで、石原裕次郎の「嵐を呼ぶ男」という曲を使ったものがありました。館ひろしがカバーして歌っているのですが、歌詞を少し変えています。

石原裕次郎のオリジナルは「俺らはドラマー　やくざなドラマー」なのですが、CMで館ひろしが歌うものでは「俺らはドラマー　やんちゃなドラマー」となっています。「やくざ」という言葉が暴力団を連想させ、クレームを恐れて歌詞を変えたのではないかと思われますが、「やんちゃ」は子供の悪ふざけを意味するものである一方、「やくざ」は「無頼」や「ならず者」を意味する言葉で、結果として、元の歌の内容を大幅に改変しているのではないでしょうか。過度な大衆迎合の現れであると思います。

市民に対する親切な応援は重要な事柄ですが、過度な大衆迎合は必要ありません。

過日の管区警察局長会議において、苦情を恐れて現場の執行務が消極的になっているのではないかとの指摘がありました。しかし、苦情を避けるために執行務が消極的になるのは本末転倒です。こういうことのないように、適切な指導をお願いしたいと思います。

先入観にとらわれる部下に

「砂に書いたラブレター」という誤訳と施策の表題

一九五〇年代から六〇年代にかけて米国で人気を誇ったパット・ブーンという歌手のヒット曲に、「砂に書いたラブレター」という曲があります。

海岸の砂の上に書いた「ラブレター」が波に消されていくという内容の歌詞ですが、よく考えてみると、普通の人が砂浜に長々と手紙を書けるものでしょうか。それでは、まるでストーカーです。

実は、この曲の原題は「Love Letters In The Sand」であり、「Letters」と複数形になっていることからわかるように、「手紙」ではなく、「文字」を意味しています。すなわち、砂に書かれたのは「LOVE」という文字なのです。当時邦題を付けた人が、曲名自体に惚れ込んでしまい、歌詞の内容を考えなかったため、このような誤りを犯したのでしょう。

もっとも、若干細かく申し上げれば、このパット・ブーンの曲はリバイバルで、戦前、既に日本に紹介されているのです。そして、その時の邦題は「恋の砂文字」であり、正しく訳されています。実は、日本で「ラブレター」という言葉が認知されたのは戦後です。だから、それ以前の人は間違わなかったんですね。

いずれにしても、施策の表題とその内容の整合性がとれていない事例はよく見られます。我々も、施策を打ち出すに当たり、表題やキャッチフレーズはすばらしいが内容がない、羊頭狗肉のようなことにならないよう留意しなければなりません。

先入観にとらわれる部下に

正しい日本酒の選び方について一言

本日は、柔道高段者の皆さんのお集まりにお招きいただきありがとうございます。何かスピーチをということですが、折角の機会でございますので、日本酒の銘柄の選び方について、一言申し上げたいと存じます。

私は、かねがね思っているのですが、剣道家には、日本酒は「剣菱」に限るなどと銘柄にこだわりを持つ人が多くおられるのに比べ、柔道をされる人には、その点に頓着される人はほとんどおられません。しかし、これではいけません。

柔道の始祖は、いうまでもなく、嘉納治五郎先生でありますが、嘉納先生は、単に腕力が強いだけの人ではありませんでした。彼は、兵庫県は灘の造り酒屋、嘉納家と血縁があり、東京帝大の学生でした。灘の銘酒「菊正宗」と「白鶴」の醸造元である二つの嘉納家は、治五郎先生を顧問として招き、学校を設立しました。これが現在の名門私立「灘中学校・灘高校」であります。ですから、柔道家としては、やはり、嘉納先生に敬意を表して、この二つの銘柄のどちらかを飲むべきではないでしょうか。すべからく、柔道家たるもの、この酒を飲み、嘉納先生に思いを致すべきではないかと思います。

ついでに、申し上げておきますと、剣道家の皆さんは、先にも述べましたとおり、剣菱をよく飲んでおられます。これは、おそらく、剣という字にちなんでおられるのだと思いますが、何の根拠もありません。

剣菱は、江戸時代にできた銘柄ですが、当時の趣意書を見ますと、剣は男を表し、菱は女を表すもので、この酒を飲んで、夫婦和合を図ろうというようなことが書かれています。あまり、露骨には申しませんが、どうも、この剣は、あまり振り回さない方がいい剣のようです。

というところで、このスピーチを終わろうと思ったところ、今、当会館の方が気を利かして、菊正宗を用意してくださいました。それでは、この酒をもって乾杯させていただきます。

乾杯。

ここだけの説教-1

「パパブッシュ倒れる」を予知したSP

警備の仕事をしていると多々ハプニングはあります。ただ、世上ハプニングといわれているものの中には、プロの眼で見るとハプニングとは言い切れないものもあります。

平成四年一月にアメリカのブッシュ大統領が来日しました。お父さんの方のブッシュさん、いわゆるパパブッシュです。この来日は、一月早々という日程も珍しかったのですが、行程も、まず、伊丹空港から入り、大阪、京都を経て東京に来るというあまり例をみないものでした。

この時期、給食産業の多くが正月休みで、京都府警などは、出動部隊の弁当確保に苦労したというエピソードがあります。その点、警視庁機動隊は、各隊に自前で弁当を用意できる補給係を持っており、そのような心配はありませんでした。今、何かにつけアウトソーシングとか組織のスリム化とかが叫ばれますが、いざという時に備えた余裕というものも危機管理上必要ではないかと思います。

それはさておき、このような強行日程に加え、東宮御所で皇太子殿下や秋篠宮殿下とテニスをするというようなパフォーマンスをしたため、大統領は相当疲れたようです。なにしろ、年齢も年齢ですから。そして、総理官邸の宮沢喜一総理主催晩餐会の席で突然倒れてしまいます。

臨時ニュースが流れ、前代未聞の事態に世の中は騒然となります。「予想もしない大ハプニング」。そんな言葉が飛び交いますが、その中で、警視庁の総合警備本部だけは比較的冷静でした。といいますのは、その少し前に、大統領についているSP（警視庁警護員）から「大統領の様子がおかしい」という報告が来ていたからです。

「何度もトイレに行く。どうやら嘔吐しているらしい」

「トイレの入り口に担当のSS（シークレットサービス、米側の警護員）が番をして、誰も入れさせない。無理に入ろうとした某参議院議員がたたき出された」

そして、極め付けだったのが、大統領がSSに小声で、

「晩餐会の途中で自分が倒れたら、すぐに駆けつけろ」

と指示をしたというものです。

この報告を聞き、警視庁では、沿道部隊を撤収せず、そのまま配置することにしました。少し解説をしますと、大統領の車列が通る道筋には部隊を配置します。この部隊を沿道部隊というのですが、大統領が目的地に到着すると若干の時間をおいて任務解除となり、撤収します。しかし、この時はいつ大統領が出てくるかわからないので、そのまま配置を続行したということです。

そして、これが正解でした。大統領は倒れた後、すぐに宿舎である迎賓館に戻りましたが、警視庁は全く遅滞なく対応することができたのです。

ちなみに、マスコミ各社は対応できなかったようで、大統領の行方がわからず、右往左往していました。もっとも、これは、報道機関の問題というよりも、外務省がきちんと報道対応できなかったことに問題があったのかもしれませんが。

さて、私が申し上げたいのは、予想外のハプニングといわれることでも、実はハプニングでないことが数多くあるということです。言い換えれば、自分たちが情報を取れなかったばかりに、予期できることをハプニングにしてしまうことがあるということです。

このブッシュ大統領の事前の動きは、晩餐会の開かれた官邸大ホールの前でのことですから、ＳＰだけでなく、政治家も、外務省職員も、マスコミ関係者もみんな見ていたはずです。

中には、内心「変だな」と思った人もいたかもしれません。しかし、それを情報として活かしたのは警視庁のＳＰただ一人だったのです。

情報は、そのあたりに満ちあふれています。それを活かせるかどうかは、本人の問題意識にかかっていると思うのです。

ところで、先日、この情報をもたらしてくれたＳＰ氏にお会いしました。もちろん、もう退職されているのですが、私が、この昔話を持ち出したところ、「そうですね。そんなこともありましたね。でも、もう忘れちゃいました」とさらりとかわされてしまいました。

こちらもかっこいいですね。

【危機対応】

Crisis Management

緩みがちな組織に

ネズミは細切れのゾウ、いざという時はゾウになれ

ゾウとネズミが断食をしたとします。はたして、どちらが後まで生き残るでしょうか。結論を先に申し上げますと、これはゾウが圧勝いたします。

といいますのは、一般的に申し上げて、質量に比して表面積が小さい方がエネルギーの消耗率が少なく、したがって、エネルギーの補給をしなくても、長く生き延びられるからです。ネズミは、いわばゾウを細切れにしたのと同じ状態ですから、質量あたりの表面積は、ゾウよりはるかに大きくなります。だからゾウには全くかなわないのです。

このような考え方でいきますと、ほ乳類同士であれば、体格が大きいものほど強いということになります。

ただ、これは、動物の世界だけの話ではありません。我々の部隊活動においても同様のことがいえようと思います。部隊というものは、やはり、大きくまとまっている方が消耗が少ないのです。

もちろん、時と場合によりますが、このような観点から部隊の小出しは慎むべきであり、事象に対しては、後追いにならないよう、多め多めの部隊出動をお願いします。

現場の大切さを忘れないために

地中探査機より警察犬が有用な「環境」

二〇一〇年のFIFAワールドカップ南アフリカ大会では、メッシやルーニーといった事前に評判の

高かった選手が活躍できずに敗退しました。前回のドイツ大会のロナウジーニョもそうでした。いい選手でも、いい環境がないと活躍できないということでしょう。

日本で災害救助用の犬（警備犬）を持っているのは警視庁だけです。現在、国際緊急援助隊の派遣の時は、警視庁の警備犬を連れていきますが、以前は、そうしていませんでした。

かつては、被災者の救助の際は「地中探査機があるので、警備犬はいらない」という考え方が強かったからです。ところが、幾つか現場を経験したことで地中探査機の問題がわかりました。

探査機を使う際は、近辺の音をすべて消さなければならないため、他の救助作業を中断しなければなりません。また、探査範囲も狭く限られています。そのため、警備犬の有用性が見直されることになったのです。

最新の装備は、それを使う環境が整備されていれば極めて有効ですが、現実にはそうでない現場も多くあります。そのような現場で最新設備が役に立たないことは、ワールドカップで活躍できなかった名選手と一緒です。

警察が活動する現場は環境が整備されていないことが多いですから、その状況に合った装備資機材の導入を考えていただきたいと思います。

また、このことは人間についても同様です。人が能力を発揮できるか否かは、その人が環境に適しているかどうかによることが多いのです。そのような点にも配慮してください。

判断ができない管理職に

崩落する橋で刀を振るった武士の「正しい独断専行」

昔、警視庁の昇任試験には、隅田川に架かってい る橋の名前を上流から順に書けという問題が出たそうです。それだけ都民生活に溶け込んでいるということでしょう。

さて、その中の一つ、永代橋が架けられたのは、一六九八年、元禄一一年のことといいますから、相当古い話ですが、ただし、この橋は、一八〇七年、文化四年に崩落しているのです。

深川八幡の祭礼の折りのことです。隅田川を下る船を見ようとして人々がどっと集まり、その重みにたえかねて、橋は崩落したといわれ、死者は数百人に上るとされます。ただ、橋は全壊したのでなく、東の部分が半壊しただけでした。そのため、西側にいた群衆は、崩落騒ぎを知らずに、後から後から押し寄せました。

このとき、群衆の先頭部にいた一人の武士は、前方の騒ぎを知るや、やにわに刀を抜き、あたりかまわず振り回したのです。そのため、後続の人々は後ずさりをはじめ、結局、第二次的な被害は避けられました。ここで、我々は、幾つかの教訓を学びとるべきでしょう。

第一に、雑踏対策は、情報が大事だということです。いかに早く情報を把握するかということと共に、正確な情報をいかに提供するかということです。

第二に、いざというときのために、群衆を分断する方策をあらかじめ考えておかなければならないということです。

この永代橋の事件では、第一の情報の問題、第二の群衆分断の問題のいずれもが考えられていなかったために、一人の武士の突飛な行動に頼らざるを得なかったといえます。

そして、第三に、いざというときには、独断専行をやらねばならないということです。治安警備もそうですが、特に、事態が流動的な雑踏警備では、その場の一瞬の判断が大切です。上に判断を仰いでいては間にあわないことが少なくありません。この名もない武士のように、いざというときには、自らの判断で対応しなければならないこともあるのだという認識を第一線まで徹底しておいていただきたいと思います。

緩みがちな組織に

恩恵は与えた途端に権利になり、大事故を生むことも

平成二二年三月、民主党がマニフェストどおり子ども手当を創設し、六月から支給が始まりました。財源の手当てもなく、いささか乱暴なやり方かなと思いましたが、もらう方は大喜びだろうと思いつつ、あるテレビのニュースを見ていましたら、子ども手当をもらった若い母親が「これで終わりと政府が思っているとしたら心得違いだ」と語気強く話している場面に出くわしました。

それを見て感じたことは、仮に恩恵としてであっても、それを相手に与えた時点で、受けた側の権利になるということです。

このことは、留置場における事故についても共通するもので、留置係員が、被留置人から一度だけのお願いであるとして例外措置の要求を受け、それを情にほだされて認めてしまうと、その瞬間に当該措置は相手の権利となってしまいます。その結果、さらに要求が拡大し、大きな事故につながるということが過去に何度もありました。

このことは、留置業務に限るものではなく、すべての業務に共通する問題です。安易な例外措置には注意をしてほしいと思います。

先入観にとらわれる部下に

マンホールのふたのように等距離で考える姿勢を持て

マンホールは、点検などのため、人が出入りできる穴という意味でマンホールというのだそうですが、明治期に、この言葉が入ってきた当初は、「人孔」と訳して使っていました。何でも直訳すればいいわけじゃないという見本のような言葉です。

さて、そのマンホールですが、今や、日本中、どこに行ってもあります。ただ、ここで、ちょっと考えてください。どうして、マンホールのふたは丸いのでしょうか。

実は、マンホールのふたを四角にしますと、一辺の長さより対角線の方が長くなりますから、ふたの置く位置を間違えた場合、ふたはそのまま下へ落下してしまうからなんです。その点、丸いふたは直径が一定ですから、どのように置いても落下する心配はないわけです。

我々が仕事をするとき、当然、その方向性を間違えないよう細心の注意を払っているはずです。しかし、いつもその方向が明らかであるとは限りません。

そのような場合、仮に当初の方針が間違っていても、大失敗に至らず、対処可能にしておくことが大切です。それには視野を広くすること、つまり、一つの見方に偏らず、いわばマンホールのふたのようにいろいろな可能性を等距離で考える姿勢が重要だと思います。日頃からこのような姿勢で仕事に臨んでいただくようお願いします。

緩みがちな組織に

「大仕事の後」は組織を揺さぶる事案が起きがちだ

過日、テレビでマラソンの実況中継を見ておりましたら、面白いシーンがありました。それは、出場選手にいろいろな質問をぶつけるというもので、録画なんですが、実況の合間に挿入されていたのです。中にはプライベートな部分についての質問もありましたが、私がおやっと思ったのは、「上り坂と下り坂では、どちらがいやですか」という質問に対する答えでした。この質問に対し、多くの選手が「下り坂の方が苦手。下り坂は恐い」と答えていました。

我々素人は、下り坂の方が楽に思えるのですが、専門家の意見は違うのですね。理由については、人によって異なりましたが、最大公約数でいうと、足への負担が大きいということではなかったかと思います。

私は、この話を聞いて、かつて、警視庁で広報課長をしていた折り、ある幹部が漏らしていた感想を思い出しました。当時、警視庁では、天皇陛下の即位の礼をはじめ、幾つかの大警備があったのですが、その幹部は「警備の前は本当にいい。緊張感があるから、息切れをすることはあっても、問題となるような事案は起こらない。しかし、終わってしまうと組織の足腰を揺さぶるような事案が起こりがちだ」と言うのです。つまり、下り坂の時が危険だというのです。

私たちは、今、三大警衛（両陛下や皇族方をお守りする警備）の一つである「豊かな海づくり大会」の警備という大きな仕事を終えました。もちろん、休むべきところは十分休んでいただいていいのですが、心の中まで弛緩させることのないようにしてほしいと思います。大きな仕事に直面しても泰然自若としてあわてず、小さな仕事といっても軽視せず、真剣に取り組む、いわば、平坦な道を着実に歩むような姿勢こそが最も望ましい在り方ではないかと思うのです。

効率主義の行きすぎに

「無駄」こそが危機管理につながる

私が高校生だった頃の話です。授業中に、教師が突然次のような話を始めました。「この校舎の屋上から隣のビルの屋上まで幅五〇センチの板を架けたとしよう。君たち、そこを渡れるかね」

私たちは、むちゃを言うなと思いつつも、何のことだかよくわからず、黙っていました。すると、教師は続けてこう言いました。

「それでは、幅一〇メートルの板を架けたとしたらどうかね」。「それなら渡れる」と何人かがつぶやきます。

それを聞いて、教師はさらに続けました。「では、その一〇メートルの板に五〇センチ間隔で二本の線を引き、その間を歩くとしたらどうだい」。「渡れると思います」。多くの者がそう答えました。

そこで、教師は笑いながらこう言ったものです。「なるほど。ただ、今の質問と最初の質問は、実は同じことなのだ。しかし、君たちは、最初の質問には無理だという顔をし、今の質問では渡れると答えた。それは、渡る部分の周りにどれだけの無駄があるかによるのだろう。余裕とは、こういうことをいうのだ」

この授業を聞いてもう五〇年近くになりますが、今でもこの話をしばしば思い出します。そして、このところ話題になることの多い危機管理とは、実はこの渡る部分の周りの無駄のことではないかと思うのです。この無駄は、また、保険と言い換えることもできるでしょう。

ところが、日本人は保険を理解できない民族だといわれます。「欧米人は保険が使われないとハッピーと喜ぶが、日本人は掛け金が無駄になったと嘆く。だから、日本では保険は貯蓄の一方法としてセールスされる」というのは、よく聞く話です。もし、そうだとすると、日本人にとって危機管理は極めて苦手な分野ということになります。これは困ったことです。

私たちが何かの仕事に取り組むとき、いろいろな角度から検討を加えます。各種の仮定の上で、想定1、想定2、想定3と構想を立てます。けれども、結果的にみますと、そのほとんどは活用されず、いわば無駄に終わったかにみえます。しかしながら、それは、本当は無駄ではないのです。それは、仕事の幅、余裕あるいは保険であって、先の例を引くならば、幅一〇メートルの板を作る素材なのです。その無駄を恐れない心こそが危機管理の心構えといえようかと思います。

緩みがちな組織に

テニスのネットのたるみは楽しいが、組織では許されない

私が中学生の頃は、まだ一部の人だけの高級なスポーツというイメージがあったテニスですが、そのファッショナブルなところがいいのか、今や大衆スポーツになった感があります。私の家の近くの公園にもテニスコートがありますが、管理事務所によると、予約がいっぱいでなかなかとれないそうです。

ところで、テニスには、ご承知のとおり、硬式と軟式があり、欧米から伝わった本来のテニスは硬式です。ところが、日本では、ラケットやボールが高価で、一般庶民には入手しづらかったため、安価なラケットやボールを使用する軟式が生まれました。

現在のテニスコートは、硬式でも軟式でも使用できるようになっていますが、ネットだけは別物です。硬式の方が素材的にも丈夫に出来ていますが、さらに、コートに張った状態を見れば、違いは一目瞭然です。軟式の方が一直線にピンと張られているのに対し、硬式の方は、ネットの中央部が少し低くなっているのです。

これは、テニスの草創期には、ワイヤロープをピンと張ることができず、真ん中がたるんでいたことによります。もちろん、今では、一直線にピンと張ることは技術的に可能なのですが、真ん中がたるんでいた頃、そのたるみの故にいろいろなハプニングがあり、面白かったことから、今でもあえて低くしているといいます。つまり、ネットの中央部が低くなっているため、本来、ネットに引っかかるはずの

ボールが相手のコートに入ったりするのが面白いということでしょう。

いわば、ネットの中央部だけ防衛力が落ちているわけですが、警察においては、どの部門も、また、どの係、どの当直班も同じような力量を持っていることが理想です。どこかの係やどこかの班だけが力が落ち、穴になっているということがあれば、不手際や事故はそういうところで発生してしまいます。署長の皆さんには、署全体を見渡していただいて、そのような穴、テニスのネットの中央部みたいなところがないか、よく点検していただきたいと思います。テニスと異なり、そこから変なハプニングや事故が発生したとき、誰も面白いと評価してくれませんから。

緩みがちな組織に

人はなんでも「おおむね」で行動するが、節目は「きっちり」

ある県で、警察学校の卒業式に出席したときの話です。その県では、卒業式には、本部長以下全部長が出席するのですが、控室で待機しているとき、隣の刑事部長がなにやらもぞもぞしています。私が「どうしたんですか」と尋ねますと、「いや、白手袋が両方とも右手用なんですよ。係が間違えたんだな」とこぼしています。おそらく、自室を出るとき、係が用意してくれた白手袋を受け取り、そのまま、ポケットかどこかに入れてきたのでしょう。そして、いざ本番というときにはめようとして、両方とも右手用だったということに気付いたというわけです。

お気の毒と思いつつも、思わずこみ上げてくる笑いを抑えきれませんでした。しかし、刑事部長さんも、もし、渡された白手袋が一枚しかなかったのであれば、その場で間違いに気付いたでしょう。ところが、一応白いものが二枚あったので「ああ大丈夫だ」と軽信してしまったのだと思います。

思わぬハプニングに笑ってしまった私ですが、よく考えれば、自分でも似たようなことをしています。答弁資料がきちんとそろっているので持っていったら、最終稿でなく初稿であったり、履いた靴下の右が紺で左が黒であったり、結局、人間というのは、何でも「おおむね」で確認しているのですね。

しかし、何でも「おおむね」であれば、いつかこのような失敗をしてしまいます。重要な節目となるポイントでは、「おおむね」でなく「きっちり」と確認していただくようお願いいたします。

ちなみに、このとき刑事部長さんは、左手を無理やり右手用の手袋に押し込んで、事なきを得たようです。しかし、いつも、このように結果オーライとならないということはおわかりですよね。

緩みがちな組織に
こちらの体制に合わせて情勢を逆算するのは危険だ

世の中には、勝手読みという言葉があります。自分一人の勝手な考えで物事を判断することです。最も単純な勝手読みは、文字を自分勝手に読むものです。かつて、私が警視庁で機動隊長をしていたとき、重要防護対象である赤坂御所の周辺に配置されている隊員から「現在地、やらと前」という無線報告が入ってきたことがあります。初めは何のことかわかりませんでしたが、そのうちにこれは和菓子屋「とらや」を意味していることに気付きました。「とらや」ののれんは、昔風に右から左に書かれています。この隊員は、それを知らず、今風に左から読んでいたのです。これが勝手読みのプロトタイプです。

次に、相手の発言に対する勝手読みがあります。昔、NHKののど自慢は、鐘で合否を知らせるのではなく、不合格者には「結構です」と告げていたそうです。すると、多くの人は、自分は合格だと誤解してしまったため、現在のようなスタイルになったと聞きます。このような「結構です」とか「いいです」といった勝手読みを招きやすい言葉は、仕事の現場では使うべきではないし、また、言われた際には、その意味を再確認することが大切です。

最後に最も困るのが、情勢の勝手読みです。人間というものは、どうしても、こうあってほしいという方向に情勢を勝手読みしがちです。常に最悪の事態を想定しろと言う人がいますが、現実問題として、最悪の事態に対処できるだけの体制を確保できない場合、それは難しい注文です。結局、こちらの体制に合わせて、情勢を勝手読みしてしまうということになりがちなのですが、言うまでもなく、このような逆算はするべきではありません。

しばしば、天気予報などでは、はずれたとき、「思ったより、低気圧が発達しませんでした」などと自分の勝手読みを堂々と正当化していますが、仕事では、このような言い訳は通じませんので、この点、心していただきたいと思います。そうでないと、「やらと前」を笑うことはできません。

判断ができない管理職に

危機管理には出たとこ勝負も。応用動作ができる備えを

　最近、危機管理という言葉をよく聞きます。知事部局には、危機管理防災部という部局ができたほどです。この危機管理という言葉は、元内閣安全保障室長の佐々淳行さんが英語のクライシス・マネジメントの訳語として広めたと聞いています。確か、三〇年ぐらい前、佐々さんの書かれた「危機管理のノウハウ」という本がベストセラーになったのですが、危機管理という言葉をよく耳にするようになったのは、それ以降だと思います。

　ただ、私は、以前からこの危機管理という言葉に少し違和感を覚えていました。というのは、この言葉には事前に計画をきっちり立て、非常事態に当たっては、整然とその計画を遂行するというイメージがあるからです。本当にそんなことが可能でしょうか。

　これに対し、英語のクライシス・マネジメントという言葉は、ニュアンスが違うように思います。特にマネジメントという言葉です。例えば、資金不足の会社を何とかやりくりするのもマネジメントといいますし、胸突八丁の苦しい戦いを必死でしのぐこともマネジメントといいます。要するに、マネジメントとは、スケジュール管理のように事前の計画で押さえるという意味だけでなく、苦境に陥ったときにとりあえず何とかやりくりするという意味もあるようです。

　だとすると、クライシス・マネジメントとは、危機管理という言葉にイメージされるようなきっちり

した計画と対応だけでなく、どのようにして当面をしのぐか、いわば出たとこ勝負のような意味合いも含んでいるのではないかと思います。

本当のところ、阪神・淡路大震災などを経験した身になって考えてみると、いくら事前に計画を作っていても、現実にうまく機能しない場合も少なくありません。むしろ、計画どおりいく方がレアケースでしょう。とすれば、本当の危機管理とは、皆の意識の中にあるといえるのではないでしょうか。つまり、いつどのような危機に遭遇しても、その場に合わせた応用動作ができる心の備えをしていることこそ危機管理の要諦ではないかと思うのです。

緩みがちな組織に

事件は動いているボール、危機管理は止まっているボール

プロ野球のシーズンオフになりますと、野球選手たちがバットをクラブに持ち替えて、せっせとゴルフに精を出す光景がテレビに映し出されます。ときには、ほとんどゴルフなどやったことのない若手選手も駆り出され、見事に空振りするシーンなどもありますが、こんなときの若手選手のコメントは決まって「動いているボールは打てるのに、なぜ、止まっているボールは打てないのだろう」というものです。

しかし、これは決して難しい質問ではありません。答えは簡単です。ボールを見ていないからです。動いているボールは見失ってはいけませんから、誰だって一生懸命に目で追います。しかし、止まっているボールは、見失うはずなどないと思っていますから、見ようとはしません。だから、空振りをするのです。

警察の仕事も同じようなところがあります。殺人や強盗といった日々発生する事件は、動いているボールであり、皆が必死で追いかけます。これに対し、突発事件への備えや危機管理のような仕事はルーティンな仕事ですから、止まっているボールみたいなもので、いちいち見ようとしません。そして、いざというとき、空振りをすることになるのです。

動いているボールを見るのは、誰でもすることです。しかし、止まっているボールを見るのは、意識しないとできません。そして、何か大きな事案が発生したとき、止まっていたボールを見ていたか否かが問われ、真の実力が試されるのです。ぜひ、意識して、止まっているボールを見るよう心がけていただきたいと思います。ちなみに、地道な努力なくして大きな成果だけを自分の目で確かめようとすることをヘッドアップといいます。

緩みがちな組織に
死角や不意打ちより怖い「心の持ちよう」

本日は、指定自動車教習所協会のお集まりにお招きいただき、ありがとうございます。

ところで、今朝の新聞によりますと、今日は、不世出の大横綱、双葉山が横綱昇進を果たした日だそうです。双葉山といえば、なんといっても、六九連勝という記録が相撲史に燦然《さんぜん》と輝いておりますが、当時の相撲界の最大勢力は出羽の海一門でした。彼らにしてみれば、立浪部屋の双葉山の快進撃が憎らしくて仕方ありません。なんとか彼を負かそうと一門総出で作戦を検討しました。

まず、双葉山の右目が不自由であることに着目し、立ち会いでそちらに変化し、さらに左目に張り手をかまして視力を奪うという作戦を立てます。いわば死角を作る作戦ですが、あえなく失敗します。

次に、双葉山が決して「待った」をしないことから、立ち会いで不意打ちをくらわすことを考えます。まさに、不意の飛び出しで交通事故を誘うようなやり方ですが、双葉山はこのワナも突破します。

そこで、出羽の海一門は最終兵器を出します。それは、期待の新人、安芸ノ海です。本場所はもちろん、巡業でも稽古でもできるだけ双葉山と顔を合わせないようにし、いきなり対戦させたのですが、さすがの双葉山も疑心暗鬼に陥り、仕切中に徐々に不安感が高まり、ついに敗れてしまいます。

こうしてみますと、死角も怖いし、不意の飛び出しも危険ですが、最も危ないのは心の持ちようだということがわかります。これは、相撲も道路交通も同じです。教習というのは、運転技術もさることながら、それにあわせて、ドライバーの、心の持ちようを教えていただくことに本来の意義があると思います。今後もそのような観点から充実した教習をしていただくようにお願いします。

不祥事を起こさないために

「そう言えば」と「総入れ歯」はさも似たり…

平成一二年にいわゆる警察改革が始まって、今年で丸五年になりますが、改革の効果も徐々に表れており、全国的にみても不祥事案は相当減少しているようです。しかし、残念ながら、私行上の不祥事案は、あまり減っていないというふうに聞いております。世の中の人にとっては、警察官の不祥事は公務上だろうが、私行上だろうが関係ありません。いずれにせよ、警察官の不祥事に変わりないじゃないかというのが普通の感覚でしょう。ですから、私行上の不祥事防止ということについても、十分に意を留めておいていただきたいと思います。

このように申し上げると、そんなことを言われても、職員の私的な部分まではとても把握できないよという声が出てきそうな気がします。

しかし、実際の不祥事案をみてみますと、ほとんどの場合、発生の後で「そう言えば」とか「いつか起こると思っていた」といった声が聞かれます。つまり、多くの場合、何らかの予兆があるということです。この予兆を見逃さないようにしていただきたいのです。

また、変だなと思っても、直ちに確かめるのがためらわれ、後回しにするということもよくあるケースです。もちろん、事案にもよりますが、安易に後回しにすると後々ほぞをかむということになりかねません。ここで、私の作った格言を二つ申し上げます。

一つは、「そう言えばと総入れ歯はさも似たり　後で奥歯をかみしめる」

もう一つは、「後回しと猿回しはさも似たり　後で反省するばかり」

つまらない戯れ句ですが、何かの際に思い出していただければと思います。

現場の大切さを忘れないために

腕に自信がある者ほど猪突猛進し、重大な結果を引き起こす

幕末の京都で活躍した浪士集団、新選組についての話です。新選組の活躍が世に知れわたり、隊の規模も拡大しつつある頃、伊東甲子太郎という人物が参謀格として、新選組に入りました。彼は、勤皇派であり、本質的に近藤勇の考え方と合わなかったのですが、新選組を利用してやろうと考えて入ってきたのです。

やがて、彼は、本性を現し、隊を割って出ていくのですが、この分派活動を怒った近藤たちは、伊東を暗殺し、その遺体を七条油小路というところに放置します。そして、この遺体を引き取りに来た伊東の仲間たちを一気にせん滅しようと待ち伏せします。これが油小路の決闘といわれる事件です。

この戦いで、伊東派は駆けつけた七人のうち三人が討ち死にするのですが、そのいずれもがそれなりの剣の使い手でした。特に、服部武雄という男は、名高い剣士であり、新選組隊士からも恐れられていました。しかし、そのような者たちこそ死んだのです。このように、腕に自信のある者ほど、情勢をみることなく突進し、重大な結果を引き起こしてしまいがちです。

警察官は、公務執行妨害事件その他凶悪な犯人と対峙《たいじ》することが少なくなく、そのため、柔剣道などの術科を修得するわけですが、これは、そのような場面で猪突猛進せよという意味ではありません。

いかに、自信があっても、一呼吸おいて、相手の人数、凶器の有無などの情勢を分析し、ここでどう

対処するのがベストか、判断していただきたいと思います。

本末転倒にならないために

報告のための訓練は実戦に全く役立たない

アッツ島とは、アリューシャン列島にある小さな島ですが、太平洋戦争においては、この島をめぐり、日米で激しい戦いが展開されました。最終的には、日本軍は、指揮官以下ほぼ全員が戦死するという悲惨な結果になったのですが、その間に両国海軍の激しい海戦も行われました。

この海戦に臨む前、日本海軍は自信満々でした。というのは、日米両軍の大砲の命中率に圧倒的な差があったからです。訓練における日本の命中率が二〇パーセントくらいなのに対し、アメリカは二パーセントくらいで、絶対に日本が勝つというわけです。

しかし、実際に海戦が始まると、日本の砲弾は全く当たりません。結局、命中率は一パーセント以下という結果でした。一方、アメリカは、訓練どおりの結果を出し、アメリカの優勢勝ちのようなことになりました。

これは、一体、どういうことでしょう。太平洋戦争が始まった当初、日本軍の命中率が高かったことは、どうやら事実のようです。しかし、その後、兵員が損耗したため、徐々にレベルが落ちていきました。

にもかかわらず、上層部が命中率を上げろと指示するものですから、例えば、風や波のない条件のいい状態で訓練を行い、さらにその中でもいい結果が出たものだけを報告するようになったのです。そのため、実戦では、全く役に立たなかったというわけです。

訓練とは、訓練そのものを目的とするものでは決してありません。報告するためにいい数字を出そうとか、そういう余分なことは考えず、実戦で役立つ訓練を行っていただくようお願いします。

緩みがちな組織に

第一報は信用するな。任務は柔軟に。参考までに連絡

このたびの警備につきましては、各班で準備が着々と進んでいると思いますので、私の方からは一点だけ申し上げたいと思います。それは、警備を成功させるためには、「1・2・3の法則」というものがあるということであります。

1といいますのは、「第一報は信用するな」というものです。これは、第一報を馬鹿にしろ、という意味ではありません。そうではなくて、第一報というものはスピードが身上です。これに正確さまで求めるのは酷ですし、そのために、第一報が遅くなっては何の価値もありません。ですから、大切なのは、第一報を軽信しないという姿勢です。通常、第一報は事態を小さめに報告してきます。そこで、報告にとらわれず、大きく構えることが肝要です。

2は、「任務は柔軟に」です。いうまでもなく、個々人の任務の範囲は明確にされるべきです。しかし、現場ではしばしば突発的な事象が起こりますし、そのためにこそ、警察官が配置されているのです。基本任務をしっかり認識させつつも、その場面、場面で自分に何が期待されているかを考える癖を身に付けさせるようご指導願いたいと思います。

それができず、基本任務を墨守したため、後で非難された例はたくさんあります。逆に、皇太子殿下のご結婚パレードのとき、群衆に押され、倒れかかったパイプ柵を儀仗《ぎじょう》部隊が駆け寄って、これを支えましたが、任務を柔軟に解した好事例ではないかと思います。

3は、「参考までにご連絡」です。警備も佳境に入ってまいりますと、だんだんとタコツボ状態となり、横の連絡がおざなりになりがちです。そんなとき事件が発生しますと、「話を聞いていない。○○の独断専行だ」と仲間割れになってしまうのです。関係ないかなと思っても、一言声をかける余裕を持ちたいものです。

なお、「警備成功1・2・3・4・5の法則」というものもあります。それは、今の三つに「決まった方針に四の五の言わない」というものです。方針が決まった以上、一丸となって邁進《まいしん》あるのみ、評論家はいらないのです。

安全な社会のために

「非日常の世界」はないと思えば詐欺に遭わない

例えば、あなたが料理屋に行ったとします。そして、店側から「コースは、特上、上、並の三種類ですが、どれにしますか」と尋ねられたとしたら、どう答えるでしょう。統計的には、圧倒的に「上」という答えが多いそうです。特上はぜいたくすぎるし、並と答えるのはちょっと恥ずかしい。そこで、上となるわけですが、こういう傾向があるならば、店側とすれば対策は簡単です。「上」に最も大きな利幅を乗せておけばいいのです。

一方、アラカルトで注文するとき、このようなメニューがあったとします。「冷奴五〇〇円、サンマの塩焼き一、〇〇〇円、カツオのたたき一、〇〇〇円、松茸六、〇〇〇円」。これを見た第一印象は「松茸はさすがに高いな。ちょっと注文できないな」ではないでしょうか。そして、次に「それじゃ、安い冷奴とサンマでも頼むか」となります。店側とすればこれで十分なのです。別に、松茸を多くの人に注文してもらおうなどとは思っていません。それよりも、松茸との対比で冷奴などを安いと思ってくれればいいのです。スーパーで買えば一〇〇円の冷奴が五〇〇円でも安いと思ってもらえば、それでハッピーなのです。

このように、人間の金銭感覚というのは極めて相対的といえます。そして、うまい商売人や詐欺師は、この点を巧みに突くのです。金銭感覚をさらにマヒさせるには、相手を非日常の世界に連れ込めばいいのです。例えば、冠婚葬祭や自動車の購入などといった、日頃あまり経験しない世界では、一万円や二万円の差など気にならなくなります。普段の買い物では一〇〇円でも節約する人が、車を購入するときは数万円の付属品を無造作に買うのもそのためです。

しかし、この程度の非日常の世界なら、まだ相場感があります。ところが、犯罪や緊急事態といった非日常の世界では、もはや、そんな相場感も働かなくなります。交通事故の相手方が流産しそうなとき、いくら支払ったらいいかなんて、誰にもわかりはしません。そして、この点を利用して多額の金品をだまし取るのが振り込め詐欺なのです。

それでは、どうすればいいのか。それは、「非日常なんてそうそうあるものではない」と認識することです。非日常の話には疑いの目を向けること、これが詐欺に遭わないための基本です。

子供の自主性偏重の風潮に

子供は異質部分を見つけて排除しようとする。それがいじめだ

「赤毛のアン」は、一九〇八年に発表されたカナダの小説ですが、その中で主人公アンは孤児と赤毛であることを理由にいじめを受けています。このように、子供間のいじめは、洋の東西を問わず、いつの世にも存在しました。日本においても、古くからあったし、戦時下の学童疎開におけるいじめについては多くの人が語っています。

戦後も同様であり、私が子供の頃も幾度となく見聞きしました。だから、いじめは最近急に増えたかの論調がありますが、決してそのようなことではないと思います。

視野が狭く、活動範囲が限られる子供は、ちょっとした異質部分を見つけては、それを排除しようとします。これがいじめであり、そういうものは大なり小なり常に存在します。ですから、「私の学校に全くいじめはありません」などという発言を聞くと、眉につばをつけたくなります。

学校の先生というのは、常に相手に対し優越的な立場にあるためか、自分がこうだと言えば、それが事実として受け入れられると思いがちのようです。いじめ事件が起きると、マスコミが校長先生に説明を求めるケースが多いのですが、その説明がころころ変わります。マスコミ対応としては拙劣極まりないやり方ですが、これも今述べたような先生の思い込みがあるからではないでしょうか。

しかし、こういう「目を閉じれば世界はなくなる」式発想はもうやめて、事実は事実として受け入れるべきです。ただ、それには、いじめは恒常的に存在するということを世の中の共通認識にすべきだと思うのです。このような前提と事実の把握があって、初めて対策が進むのではないでしょうか。子供は純真かもしれませんが、同時に、残酷でしたたかな存在でもあるのです。

「プロの仕事」を問われたときに

敬遠の打席でホームラン。長嶋の考えたpossibility

ミスタープロ野球といわれる長嶋茂雄が巨人に入団した頃は、巨人が必ずしも最強というわけではなく、群雄割拠の時代でした。そうしたなか、昭和三五年には、前年最下位であった大洋ホエールズ（現DeNA）が優勝し、日本一まで上り詰めました。当時、大洋には秋山と土井というバッテリーが在籍しており、この二人が優勝に大きく貢献しました。

以下は、このバッテリーと長嶋が対戦した際の逸話です。ある試合の大洋ピンチの場面で長嶋に打席が回ってきました。その時のベンチのサインは敬遠であり、キャッチャーの土井もそれに納得して立ち上がり、ボール球を三球投げさせましたが、ここで土井は「ど真ん中へ一球投げたら観客に受けるのでは」といういたずら心を覚え、ど真ん中にストレートを投げさせたのです。

しかし、それを長嶋は見逃さず、なんと見事にホームランにしてしまったのです。長嶋は、試合後に「ひょっとしたら、ストライクを投げてくるかもしれないから構えていた」と答えています。つまり、長嶋は蓋然性よりも可能性を考えていたのです。

英語で、蓋然性はプロバビリティ（probability）、可能性はポシビリティ（possibility）ですが、明治時代に英語の教師をしていた夏目漱石に対し、学生が「プロバビリティとポシビリティはどう違うのか」と質問したところ、夏目漱石は「私は、ここで逆立ちをすることはできる。それがポシビリティだ。しかし、まさか教壇の上で逆立ちするわけにはいかないだろ。それがプロバビリティだ」と答えています。

つまり、常識的にみて「こういうふうに進行するであろう」と考えるのが蓋然性ということです。世の中のほとんどのことは蓋然性を考えていれば済むし、多くの行政もそうであろうと思います。しかしながら、警察は違います。危機管理を担当し、人の生命を預かる、いわばすべてのセーフティネットを担う警察は、蓋然性だけを考えていればよいというものではありません。「もしかしたら起こり得る」という可能性を考えなければならないのです。

最近、相談事案に対し「多分大丈夫であろう」と安易に考えて対応したため、被害者を死に至らしめたとされる事案があり、世の批判を浴びています。本件相談に際しても、蓋然性ではなく可能性を考えていれば、その後の展開は大きく違っていたのではないでしょうか。

各位には、ぜひ、部下職員に対し、蓋然性だけではなく可能性をも考えて業務を推進するよう指導を徹底していただきたいのです。

緩みがちな組織に

要望、相談、苦情にも貴重な情報がある

豊臣秀吉の真骨頂は情報収集力にあると言われて

います。明智光秀が本能寺で信長を殺害した時、秀吉は毛利攻めで中国地方に遠征していたのですが、「本能寺の変」を聞くやいなや毛利と和睦し、秀吉が信長殺害の黒幕だったのではないか（証拠は全くない）と疑われるほどの早さで京都に向かい、光秀を討伐したのです。

「本能寺の変」に関する最近の有力な学説を紹介しますと、当時、朝廷をないがしろにしていた信長に対し、朝廷がご機嫌をとろうと、三つの役職「関白」「太政大臣」「征夷大将軍」のどれかを受けてくださいと提示しています。これを三職推任《さんしきすいにん》といいますが、信長が「征夷大将軍」を受けると、第一五代将軍足利義昭はその地位を失うことになります。

当時の反織田包囲網は基本的に将軍の権威で動いていたので、義昭が将軍でなくなれば、反織田包囲網が崩壊することとなります。一方、光秀は、そのころ、反織田包囲網に接近していた可能性が高く、このような状況に危機感を抱いていたでしょう。そして、信長は、三職推任に対する返事を、この在京のときにする可能性が高く、光秀は、この時点で信長を抹殺する必要に迫られたのではないかというのです。秀吉は、このことを何らかの情報としてキャッチしていたと思われ、だからこそ、あれだけ早く戻れたという推論が成り立ちます。この推論が正しいとすれば、秀吉の地道な情報力が天下を取ったと言えるでしょう。

我々は、情報というと公安情報であるとか暴力団情報というものを考えがちですが、情報とは、本来そういうもののみをいうのではないのです。例えば、新聞、テレビ等でいろいろな公然情報が流されますが、これを、どれだけ我々が把握しているかというと、実は大して把握していないのです。

警察でも会社でも通達や通知を出していますが、受け手がそれをしっかりつかんでいるかというと、これも怪しげだろうと思います。半分くらいしか、わかっていないのではないでしょうか。さらに、一般から寄せられるいろいろな要望意見、相談、苦情などをしっかりつかんでいるかと言えば、これも心もとないと思います。こういう足元にある情報を軽視しない、しっかりと耳を傾ける、これも仕事を行う上で、大切なことではないかと思います。

ここだけの
説教-2

「総理官邸危機一髪」事件と修羅場の判断力

平成四年、天皇陛下の中国ご訪問が決まると右翼が強く反発しました。激昂《げきこう》型右翼の一人に兵庫県在住のKという男がおり、八月に兵庫県警の説得を振り切り、上京してきました。右翼団体を捜査対象とする警視庁公安三課が追尾したのですが、男の車を見失ってしまいます。確かお昼頃です。公安三課から緊急手配の無線が流れました。

ちょうどその頃、総理官邸の警備指揮所に警視庁第四機動隊長がいました。通常、官邸警備は中隊長指揮なのですが、この日はたまたま本庁の警備部で会議があったため、隊長が第四機動隊のある立川から出てきており、時間があったので立ち寄っていたのです。

隊長は、無線を聞いて、すぐに配置の増強を指示します。

「首都高の出口のところは他の部隊がいるので不要では」

と中隊長が進言しました。隊長は、

「そういう縦割りの発想をするな。境目が最も危ないのだ」

と退け、隊員を配置しました。さらに、本庁の会議に出向く際、その配置ポイントに立ち寄り、配置員に質問したのです。

「手配車両のナンバーは何番だ?」

配置員は手帳を出して繰って、書き込んだナンバーを読み上げます。

「それでは間に合わない。こうするんだ」

隊長は、こう言って、路上にチョークで手配車両のナンバーを書いたのです。

「これを見ておけ」

隊長は立ち去ります。それから間もなく、首都高の出口から手配車両が現れたのです。配置員は路上に書かれたナンバーのおかげですぐに気付き、大声で知らせます。車はギリギリのところで阻止できました。危機一髪でした。

さて、話はこれでめでたし、めでたしというわけではありません。このとき、犯人のKは車から引き出され、直ちに逮捕されたのですが、その寸前に車に火を放ちます。一方、車の荷台には大きなガスボンベが三本。既に開栓され、シューシューと音を立てています。

下手すれば、大爆発が起きます。すぐに、機動隊員たちを避難させなければなりませんが、それができないのです。なぜなら、車が動いているからです。Kを逮捕した時、当然、サイドブレーキをかけました。また、官邸までの道は若干の上り坂です。にもかかわらず、車は前に進み続けるのです。仕方なく、機動隊の車両で阻止しているのですが、いつ爆発するかわかりません。麹町警察署の警備課長が駆けつけ、ありったけの車両止めをかき集め、車にかませました。車は止まり、機動隊員たちは避難することができたのです。

後に、この話が報告された時、「それはうそだ」という警視庁幹部がいました。サイドブレーキをかけた車が坂を上るわけがないというのです。この謎はやがて解けました。なんと、開栓されたガスの推進力で車は動いていたのです。それほど強い勢いでガスが出ていたのです。これは老朽化した旧官邸時代の事件ですので、一歩間違えば大惨事でした。世間に知られておらず、今の警視庁の記録では「官邸前車両炎上事件」としか書かれていませんが、そんなものではなかったということはおわかりいただけたかと思います。

さて、この事件からもいくつかの教訓が学びとれます。まず、「事態の重要性をすぐに認識できる感性を持つ」ことです。実は、公安三課は、追尾に失敗したとしてもすぐに緊急手配をしたりしません。かっこ悪いですからね。それが手配をしたというのは、いかに事態が危険かということです。そういう感性を日頃から養っておく必要があります。

次に、「いざという時には縦割りにとらわれるな」ということです。私は、責任を明確にするという意味で、一概に縦割りを排除しません。しかし、いざという時は別です。

そして、「世の中の失敗の多くは、実は、部際、つまり、権限のすきまで起こる」ということも認識しておく必要があります。次に、部下への指示の在り方です。「とにかく注意しろ」は、指示ではありません。路上にナンバーを書いて見せ、「これを見ておけ」というように具体的かつ実戦的でなければ意味がありません。

さて、阻止した後の署の警備課長も立派です。いつ爆発するかわからない車の前でとどまり続けました。本人に後で聞きましたら、「突破されるくらいなら死ぬ気だった」と言っていましたが、その心意気やよしです。かたや、この報告をうそだと断じた幹部はいただけません。現場を見もせず、独りよがりで判断するのは間違いのもとですし、部下の士気を阻喪します。今後の参考にしていただければと思います。

【マネジメント】

Management

緩みがちな組織に

指示ミスで失敗させた部下を「次回」に大目に見るな

プロ野球の審判部には、かつて、「二度目のミスは犯さない」という格言がありました。その意味するところは、「埋め合わせはしない」ということです。

どういうことかというと、プロの審判でもボールくさい球をストライクと判定し、まずいと思うことがあるらしいです。しかし、ボール、ストライクの判定は抗議をしても覆ることはまずないので、バッターも引き下がります。

一方、審判自身は内心忸怩《じくじ》たるものがあり、いずれかの打席において、バッターに有利な判定をすることにより、いわば埋め合わせをするという心理が働くようです。しかし、このようなことはしてはならないというのです。

確かに、埋め合わせをすることによって、その審判自身は精神の安定が図られるかもしれません。しかしながら、客観的にみると、ミスは二倍に増えることになります。さらに、最初の判定は過失によるものですが、二度目の判定は故意ということになり、八百長とされてもおかしくありません。「二度目のミスは犯さない」という格言は、このようなことはしてはいけないという戒めなのです。

仕事においても、自らがまずい指示を出した結果、部下がミスをしたとき、その部下を叱りつけつつも、「こいつには悪いことをしたな」と内心反省し、その埋め合わせとして、次に部下がミスをしたときに大目に見るということはありがちですが、そのようなことはあってはなりません。

二度目のミスは、最初に比べてより大きな問題を引き起こします。その趣旨をよく徹底させてもらいたいと思います。

組織を「少数意見を封じる美人コンテスト」にするな

有名な経済理論に「美人コンテストの理論」というものがあります。これは、今の資本主義の礎を築いたとされるケインズという人が、よく例え話に用いていたものなのですが、資本主義と美人コンテストは似ているというのです。ただ、美人コンテストといっても、我々のイメージと少し違い、人々は最も美人と思う女性に投票し、最高得票者に投票した者が賞金を受け取るというタイプのものです。

この場合、人々は、自分の好みよりも「他人がどう反応するか」に関心がいき、結果的に、特定の人に実勢以上の票が集まります。

例えば、Aさんが一〇のレベル、Bさんが九のレベル、Cさんが八のレベルだったとしても、票はAさんに二五票、Bさんに二票、Cさんに〇票という具合になってしまいます。そうすると、Aさんは、実力の二倍以上の評価となり、一方、Bさん、Cさんは、実力をはるかに下回る評価となってしまいます。株式などの資本主義下の市場は、このような投機性を持ち、同時に危険性を持っているというのです。

このような傾向は、我々の会議や検討会などでも、しばしば現れるものです。つまり、ある意見が多数を占めそうだとなると、我も我もと、その意見に相乗りしてしまう傾向があります。その結果、議論が深められることもなく、無批判に一定方向に進んでいくことになりかねません。

昭和初期の日本が一気に戦争に突き進んでしまい、その結果、破綻してしまったのは、そのせいともいえます。あえて、反対のための反対をいう必要はないのですが、大勢に安易に順応せず、自分の思うところを述べる姿勢を持つことが組織を活性化させる道です。

もちろん、最終的に入れられないことも多いでしょうが、少数説を主張することにより、多数説の問題点がわかり、将来の見通しも変わってくるでしょう。組織を美人コンテストにしないよう、お互い努力したいものです。

連帯感がない組織に

儀式廃止でインド仏教は衰退した。礼式は大切だ

多くの日本人は、日頃、宗教に関心を持つことはほとんどありませんが、結婚式では神道と、葬式では仏教といや応なく付き合うこととなります。しかし、神前結婚式は明治以降に始まった新興の儀式ですし、仏教だって本来、葬式のためにあるわけではありません。とはいえ、もしこれらの儀式や初詣、七五三、法事などがなかったら、神道や仏教は、過去の遺物になっていた可能性が高いといえます。

同様に、キリスト教にしても、日曜の合同礼拝や聖餐《せいさん》式、あるいはクリスマスやイースターといった行事があったから、今日のように人々に流布したたに

違いありません。つまり、宗教には、儀式による交流で支えられている一面があるのです。これは、宗教心の薄い日本人だからというわけではありません。

仏教の本場は、「西遊記」の三蔵法師が仏典を求める旅に出たことからもわかるとおりインドですが、今のインドに仏教徒はほとんどいません。その理由については、いろいろな意見があるのですが、一つには儀式を排したことが大きいといいます。

仏教の始祖である釈迦は、精神的なものを追求するあまり、形式的なものを重要視しなかったようです。そのため、インドの仏教は、集団の輪を維持することができず、衰退したというのです。ことほどさように、儀式というものが人の心、特に仲間意識の醸成に与える影響は大きいといえます。

ところで、警視庁というところは、多分に儀式を重視する組織です。部内の者から見てもそうなのですから、外部から見るとなおさらでしょう。中には「けいし庁」ではなく、「けいしき庁」だと揶揄《やゆ》する声もあります。

しかし、警視庁のような現場執行部門を主力とする組織においては、相互の絆を確認するために儀式や礼式は不可欠なものと私には思えます。このところ、学校や企業などにおいては、この種の儀式を無用の長物とばかり、ないがしろにする傾向がありますが、それによって構成員の連帯感がそがれるとしたら、組織にとって大きなマイナスではないでしょうか。

閉鎖的な組織に

エイトマンは員数外の戦力。サポーターは大事だ

私は、かなり以前から、月光仮面は鹿児島県出身であると主張しております。月光仮面の本名は、祝十郎といいます。この祝という姓は、鹿児島の島部に多くみられる名字です。そういう意味で月光仮面は鹿児島県出身と申し上げているわけです。

さて、この月光仮面の漫画を書いていたのは、拳銃の不法所持で捕まったK・Jという人ですが、この人が書いていたもう一つの人気漫画がエイトマンです。ちなみに、エイトマンは、原作は「幻魔大戦」の平井和正、テレビ主題歌の作詞はタレントの前田武彦、歌ったのは殺人で逮捕されたK・Sというすごいメンバーです。

さて、エイトマンは、「鉄腕アトム」「鉄人28号」と並ぶ、昭和三〇年代のロボット漫画ですが、アニメ化され、ついにアメリカにも輸出されることとなりました。ところが、そこで問題が発生します。アメリカ側が、なぜエイトマンというのかわからないと言うのです。

アメリカ側の「なぜ、エイトマンという変な名前なのだ。そもそも、エイトならマンでなくメンだろう」という厳しい追及に対し、日本側は次のように答えます。「主人公は、警視庁捜査一課の刑事だったが、殉職し、サイボーグとしてよみがえる。警視庁捜査一課は、七人で一班を編成しているが、彼は、それに入らない八番目の刑事として、警察を陰からバックアップすることになる。つまり、八番目の男だからエイトマンというのだ」。これに対し、アメリ

カ側「ノー、それでは、エイトマンではなく、エイスマン（eighth man）になるはずだ」。

ということで、アメリカでは「エイスマン」の名で放映されました。何とも漫画のような話ですが、決して昔話ではありません。今でも、「the sixth sense」という映画（小説もそうですが）に「シックス・センス」という理解不能の日本語題名が付けられています。なんとなくバカにされている気がしますが、どうでしょうか。

それはともかく、この日本側の説明からもわかるとおり、エイトマンとは警察サポーターという意味だったのです（なお、当時の警視庁捜査一課が一班七人編成であったという点についてはマスコミの一般的理解であったようで、その証拠に「七人の刑事」などというドラマも制作され、人気を博しています）。

警備、特に、サミットのような大警備は、国民各位の協力がなくては、決してなしえません。自主警戒、工事抑制といった協力もあろうし、自動車利用の自粛、検問や交通規制への協力といった形のサポートもあります。さらに、一般治安面での協力もあるでしょう。いずれにせよ、このような国民協力の確保、言い換えれば、エイトマン＝警察サポーターをいかに多く獲得できるかが警備成功の要件です。このことを認識すべきです。

判断ができない管理職に

具体化されない命令は全く役に立たない

現在の大阪城は、江戸時代に造られたものがモデルで、そもそもの豊臣秀吉が建造した建物とは、だいぶ違うようです。ただ、高い天守閣がそびえていたのは間違いなかったと聞いております。

その天守閣に上っていた豊臣秀吉が、あるとき、側近にこう言ったそうです。「今日は、風が強いようだから、火事に気を付けるように」。この言葉は、時の最高権力者の発言ですから重みがあります。たちまち、側近から大老へ、大老から奉行へ、奉行から侍大将へ、侍大将から末端へ、と伝えられたのですが、結局、その夜、火事は発生してしまいました。

なぜ、このような事態になってしまったのでしょうか。それは、命令は伝えられたものの、誰もその命令に命を与えなかったからなのです。つまり、「火事に注意せよ」という秀吉の抽象的な命令のみが末端まで伝えられ、その途中に介在した者のうち、誰一人として、例えば、「篝火《かがりび》を消せ」とか「水を用意せよ」といった具体的な指示をした者がいなかったのです。


以上は史実というより説話ですが、トップの発する命令というものは、ある程度、抽象的にならざるを得ません。これは仕方のないことです。しかし、それが末端に伝わるときには具体的になっていなければ、全く役にたちません。「命令の具体化」は、いわば、命令の命なのです。

そして、その具体化をするのが各級指揮官の役目なのです。精神論や訓示ももちろん重要です。しかし、それだけでは部下は動きません。上の命令をいかに咀嚼《そしゃく》して、具体的に一線に伝えるか、ここに皆さん方、管理職の存在意義があるものとご認識いただきたいのです。

精神論の行きすぎに

一寸法師はお医者さん、健康管理には万全を

皆さん、昔話の一寸法師は、よくご存じでしょう。でも、どうして、一寸法師は、僧侶でもないのに、法師というのでしょうか。この一寸法師の話の時代背景は、おそらく、平安時代だと思いますが、この時代に僧侶でもないのに僧形、つまり、僧侶の恰好をし、法師と呼ばれた職業があります。それは、医者です。そういえば、時代劇などでも、医者は世捨て人のようなスタイルで出てきます。まさにあれです。

一寸法師を医者と理解すれば、この物語は、非常にわかりやすくなります。

例えば、一寸法師の刀は針ですが、これは、鍼灸《しんきゅう》師の使う鍼《はり》と考えるべきでしょう。当時、鍼は、最新の医術でした。だとすれば、鍼で退治される鬼は、病気の象徴です。それでは、鬼から奪った打ち出の小槌は、一体、何を表すのでしょうか。お気付きのとおり、健康です。

一寸法師は、打ち出の小槌を手に入れたおかげで、お姫様と結婚し、貴族に列せられました。まさに、健康は幸せをもたらす源泉なのです。一つ、職員の健康管理には万全を期していただきたいと思います。

ちなみに、この話について、鬼は一寸法師の策略にのせられ、おびき出されたのだと主張する人もいます。この説に従えば、一寸法師は、治療だけでなく、健康診断と早期発見にもたけた医者だったことになります。そして、その重要性は、今も変わりま

せん。検診の受診率の低い所属にあっては、その向上に努めていただきたいと思います。

精神論の行きすぎに

信長、秀吉、家康「軍事の裏の経済力」に学べ

戦国時代を統一したのは誰か、という点については意見の分かれるところでしょうが、織田信長、豊臣秀吉、徳川家康の三人のいずれかであるということには、異存がないでしょう。

ところで、この三人がいずれも尾張かその周辺、今でいう愛知県出身だということは注目に値します。なぜ、愛知出身者が全国を制覇できたのでしょうか。

これは、一番の先駆者である織田信長の例をみるとよくわかります。彼の特徴は、常備軍を創設したという点にあります。つまり、それまでの戦国大名の軍隊は、農民が主体でした。ですから、戦い方も、農閑期に戦い、農繁期には引き上げるというのが一般的だったのです。これに対し、織田信長は、兵農分離を行い、常に戦える体制を作ったのです。

あわせて、織田信長は、もう一つ、新しいことをしました。それは、「軍の兵糧を買い上げる」というシステムを作ったことです。それまでは、どこの軍も近くの農民から略奪していたのです。しかし、そのようなやり方では、長期間にわたって兵糧を確保することは難しいと彼は考えたのです。

いずれもすばらしい戦闘システムとは思いますが、彼以前にも、このようなことを考えた人はいたかもしれません。しかし、実現できませんでした。ところが、彼はそれを実現したのです。それは、彼

に経済力があったからです。なぜ、彼に経済力があったか、それは穀倉地帯の濃尾平野を押さえていたからです。つまり、言い方を換えますと、生産に携わらない人を数多く抱えることのできる尾張の経済力が全国を制覇したのです。

警備実施にあっても同じことがいえます。いかに精強な部隊を持っていても、それを支える経済的基盤がしっかりしていなければ、勝ち抜くことは難しいのです。その意味で、予算の獲得は、警備の成否を決するともいえます。格別のご努力をお願いいたします。

活発な議論がない会議に

「天の声」は無責任体制を作る。しっかり論じ合え

しばしば「天の声」という言葉を耳にします。

例えば、建設業界などの談合で、「次の落札はA社で決まり」というとき、「天の声でA社になった」などといいます。要は、なんとなく全会一致のムードで決めたというときに「天の声」というようですが、同時に責任者をはっきりさせず、かつ、個々人は反対しようがないというニュアンスも含まれています。

ところで、天の声といえば、連想されるのが朝日新聞の名物コラム「天声人語」です。この名前は、かつての朝日新聞によると、中国の古典に「天に声あり、人をして語らしむ」という言葉があり、それに由来するというのですが、なんとも怪しげな話です。

まず、どうして、中国の古典などという言い方をして、「論語」とか「韓非子」というような具体的出典を明らかにしないのでしょうか。言葉の由来を語るにはあまりにも不自然です。また、古代中国の発想として、天は声を出すものなのでしょうか。つまり、古代中国では、天は絶対者であり、命ずることはあっても、意見を言う存在ではないはずです。だから、「天命」という言葉は成立しますが、「天声」という言葉はあり得ないような気がします。

朝日新聞も、このあたりのことを気にしてか、最近、中国古典説を言わなくなりましたが、それはともかくとして、このようにみますと、「天の声」というのは、いかにも日本的発想ということがわかります。誰かに命じられたわけではないが、なんとなくムードで意見が一方向に集約される。また、日本的和の精神からすれば表立って反論することもはばかられる。天の声という表現は、まさに言い得て妙です。

しかし、すべてが天の声で決まるというのも困りものです。なぜなら、それは無責任体制につながるからです。大事な政策や方針は、天の声でなく、しっかりと論じ合い、結果に責任を持つべきでしょう。

効率主義の行きすぎに

ごはんを残さない日本人と「一件落着」の危うさ

私が大阪で勤務していた折り、ある在日韓国人の方から面白い話を聞きました。その方は、中学生の頃、朝鮮半島にある自分の実家を訪問したそうです。

実家では、大変歓待され、食事のとき、ご飯を山盛りによそって出してくれたので、彼は、それを全部平らげたのですが、すると、すぐにもう一杯山盛りでよそわれたのです。彼は、残しては失礼とそれも全部平らげたのですが、そのとたん、もう一杯よそわれました。彼が必死になって、それも食べ終えたところ、もう一杯。さすがに、彼はダウンしてしまいました。

後でわかったのですが、朝鮮では、ご飯を全部平らげるというのは、「おかわりをくれ」というサインだそうです。「もういい、これで終わり」というときは、茶碗の中に少しご飯を残すのだそうです。

これは、日本と正反対です。ご承知のとおり、日本では、食事を終わるときは、茶碗の中のご飯を残さないのが礼儀です。私は、これは日本人の潔癖さを示していると思います。つまり、すべてがクリアされて、一件落着というわけです。そういえば、時代劇でも「これにて一件落着」というせりふで締めくくる場面をよく見かけますが、これもこのような日本人の心情を投影したものでしょう。逆にいえば課題の解決とは、すべての課題がクリアされている状態を指し、そうでなければ落ち着かないというのが日本人の心理なのです。

しかし、実際には、茶碗に米粒が一粒もなくなるような形で問題が解決することなどまれでしょう。ほとんどの問題では、多かれ少なかれ、後に尾を引きます。にもかかわらず、我々は、問題を強引にクリアしようとしがちです。これが臭いものにふたという状態です。また、既に解決したはずの問題については目をそらしがちになります。これが見てみぬふりという状態です。

課題や問題については、一件落着ばかりを目指さず、息長く対処していくのが正しいやり方だと思います。

緩みがちな組織に

組織の一生懸命に通じる「ゴキブリの努力」

昨夜、公舎に帰りますと、台所にゴキブリがいました。すぐに殺虫剤を取り出して噴霧したところ、あっという間に死んでしまったのですが、ご存じのとおり、ゴキブリは死ぬと足を上にして、仰向けになります。

なぜ、生きている間はうつぶせなのに、死ぬと仰向けになるのか。ちょっと不思議な気もしますが、昆虫学者によると、この仰向けの姿勢が最も自然なのだそうです。つまり、ゴキブリの体全体のバランスをみた場合、作為が全くなければ、このポーズになってしまうということです。

逆にいえば、うつぶせになって這いずり回っている姿は、ゴキブリが生きるために、必死になって、体の各パーツを動かしている姿といえるでしょう。

このように、ごく原始的な組織体であるゴキブリでさえ、それを正常な状態に保つためには、各パーツが全力で働くことが必須条件なのです。これに対し、この警察という組織は、極めて人為的に作られた複合組織体です。ゴキブリに比べると、個人商店と多国籍企業ぐらいの差があります。構成する各パーツ、さらにそれを構成する各人がなるがままに流されていては、とても正常な状態を維持することなどできません。仰向けにひっくり返ってしまいます。

組織というものは、いくら図体が大きくても、それぞれの部署、パーツがなすべきことに一生懸命取り組んで、初めて形が整い、前に進むことができるのだということを再認識していただきたいと思います。

硬直した組織に
アストロドームが見失っていた「足元」

日本の屋根付き野球場は、後楽園にある東京ドームが最初ですが、世界的にみれば、アメリカ・ヒューストンのアストロドームが最も古いものです。もともとは、アメリカの南部にあるヒューストンでは、夏場、虫が大量に発生し、それがナイターの照明に集まるため、その対策として考えられました。

ドーム球場を最初に作るに当たって、まず、考えなければならない大きな問題は、天井の高さをどれくらいにするかということでした。ホームランの飛距離のデータならいくらでもありますが、高さのデータなどありません。

そこで、いろいろな実験を繰り返し、多分、このくらいの高さがあれば大丈夫だろうということで、建設されたわけですが、球場をスタートさせてみると、それまで考えもしなかった大きな失敗に気付きました。それは、芝です。日光の当たらないドーム球場では、天然の芝が発育しないことを忘れていたのです。これが日本であれば、土のグラウンドでいいじゃないかということになったかもしれませんが、アメリカでは芝のないグラウンドは絶対に認められません。

そこで、やむを得ず、考えられたのが人工芝です。人工芝は、選手生命を短くするといわれており、現在のアメリカでは使わないのが主流のようですが、そもそもが苦肉の策だったのですから、当然かもしれません。

さて、このように、人間というのは、往々にして、上ばかり見上げて、足元のことをうっかりするものです。大きな目標を達成するためには、まず、足元、つまり、部内の融和とか規律、あるいはバックヤードといった基礎的なところに遺漏がないか、よく点検しておくことが大切だと思います。

悩めるリーダーに

もし警察署長がドラッカーの「マネジメント」を実行したら

以前、警察署長会議において生活安全部長が指示の中で「もしドラ」を引いていました。「もしドラ」とは「もし高校野球の女子マネージャーがドラッカーの『マネジメント』を読んだら」という小説のことで、高校野球の女子マネージャーがドラッカーを読んで甲子園を目指すという話です。

ドラッカーの思想が高校野球に応用できるかどうかはわかりませんが、以前、警察業務に応用できるかどうか考えたことがあります。

結論を申し上げれば、参考にすべきものもある一方で、困難な問題も少なからずあるのではないかと思いました。その理由は何かというと、ドラッカーの思想は、もっぱら企業経営を視野に入れたものであり、特に「効率性」を重視している点です。

経営用語で「コア」と「コンテキスト」というものがあります。「コア」は核心、「コンテキスト」は背景というような意味です。例えば、世界の二〇パーセントの人が世界の富の大部分を保有しているといわれていますが、この二〇パーセントの人が「コア」、残りの八〇パーセントが「コンテキスト」であり、「コア」を相手にすることが効率のいい経営であるというのが、ドラッカーの考え方の基本です。しかし、警察業務に「効率性」だけを求めることには疑問があると思います。

私が警務部長をしていた時、空き交番対策が庁内で議論になりました。空き交番解消のために署の人員を増やしたのですが、その人員を署長が必ずしも交番に配置していないということが問題となったのです。署長が業務全般のバランスを踏まえ人員配置をするのだからやむを得ないのではないかという意見も一部から出されましたが、私はそのような「コア」の部分、すなわち効率性のみを重視する考え方は間違っているのではないかと申し上げました。

当時公務員で増員が認められたのは警察だけですが、決して警察だけが人員不足であったわけではありません。にもかかわらず、警察に増員が認められたのは、取り扱いの多くない交番にも警察官がいてほしいという、いわば「コンテキスト」にも配慮すべしという国民の声が大きかったからであり、これを無視することは許されないのではと考えたのです。

仕事を進める上で、効率性を考えることは重要ではありますが、効率だけでは計れない部分もあることに留意してほしいと思います。

現場の大切さを忘れないために

性能、デザインより大事な「現場の使い勝手」

警視庁の庁舎は、昭和五〇年代に出来ました。今では、だいぶくたびれてきていますが、完成した当時はすばらしい庁舎だと感嘆したものです。しかし、当時から不思議なことがありました。それは、各執務室内の蛍光灯です。新庁舎では、個々の蛍光灯に点滅のためのヒモが付いているのです。

今でも、個人住宅では、個々の蛍光灯に点滅用のヒモが付いている場合が多いようですが、オフィスではほとんどありません。警視庁の庁舎が出来た頃も、新しいオフィスではヒモ付きの蛍光灯は滅多にありませんでした。室内で写真を撮るときなど、ヒモが邪魔になるので、これを上にあげながら、どうして今どき、こんなことをしているのだろうと思ったものです。

さて、あるとき、偶然にこの庁舎の整備計画を担当された人と会うことがありました。そこで、私は、この疑問をぶつけてみました。すると、その人が言うには、これは業者にあえてこのようにしてほしいと申し入れたのだそうです。というのも、ヒモがない方が見た目はいいのですが、使い勝手の面から考えると、明らかにヒモがある方が優れているからです。確かに、自分の真上の蛍光灯だけ点滅させる場合などを考えると、おっしゃるとおりです。

施設や装備を選ぶとき、

(1) 性能
(2) デザイン（見た目）
(3) 使い勝手

の三つのポイントがあると思いますが、どうも我々は、性能とデザインを重視し、使い勝手を軽くみているような気がします。しかし、現場では、使い勝手のよさというのが最も重要な要素ではないでしょうか。そして、このことはハード面だけでなく、ソフト面でもいえます。

法律でも、規則でも、通達でも、現場の使い勝手ということを考えて作らなくては、結局、死文になりかねません。

硬直した組織に

大戦中の防空演習は自己満足。真に役立つ訓練を

このところ、突発重大事案対策などがよく議論されるようになり、各種訓練の必要性や重要性が強く認識されるようになりました。

もちろん、警察においては、以前から、これら警備関係のものに限らず、訓練の大切さは認識されていたわけですが、なんといっても、訓練は本番で役立つものでなければなりません。しかし、よく注意していなければ、この基本を忘れた、見た目だけの訓練あるいは建前や自己満足の訓練になってしまいます。

かつて、ある県の警護訓練の本部長査閲に立ち会ったとき、男性の警護対象者の周りを固める警護員が全員若い女性警察官だったことがあります。この県では、警護の中核部隊はすべて若い女性なのか？そんなはずはありません。おそらく、本番では、対象の周りにはベテランの男性警護員が付くのでしょう。このような見た目だけの訓練ならやる必要はありません。

古い話ですが、太平洋戦争のとき、内地では防空演習というものが行われていました。空襲を防ぐ訓練のことです。しばしばテレビドラマなどでは、人々が竹槍を持って訓練する場面があり、竹槍で爆撃機に勝てるかと揶揄《やゆ》されたりしておりますが、日本軍だって、竹槍で空襲を防げると思っていたわけではありません。

では、具体的にどのような防空演習をしたかというと、もっぱら灯火管制でした。軍関係者は、この

訓練が最も効果的と自己満足していたようですが、実際には、さほど効果はありませんでした。人間とは恐ろしいもので、一度自己満足すると、思考がそれより前に進まなくなってしまうのです。

本格的な防空壕などの避難場所を整備し、そこへの避難の仕方を訓練しておけば、おそらく、相当被害は軽減したことでしょう。訓練の方向がずれていたわけですが、自己満足していた人たちには考えるべくもなかったのです。

これらを反面教師として、ぜひ、本番で役立つ訓練をしていただくようお願いいたします。

本末転倒にならないために

井伊直弼の護衛が忘れていた本来の業務

今週月曜日には都心でも雪が降りましたが、桜田門外の変が起きた時も同じような雪景色だったようです。桜田門外の変は、一八六〇年三月三日、当時江戸幕府の大老であった井伊直弼が水戸浪士らにより桜田門外において暗殺された事件です。井伊直弼に護衛は付いていたのですが、護衛の者は雪の中で刀が錆びないよう油紙を巻いていたため、刀を抜くのに時間がかかり、その結果、主君が殺害されるという事態を招いたと言われています。

護衛の者の任務は主君を守ることであり、刀はそのための道具にすぎません。ところが、刀を錆びさせないという、補助的業務を優先した結果、本来の任務を全うできなかった事例といえます。警察も多くの装備資機材を有しており、常に最善の状態で使えるよう保守管理をすることは重要ですが、そのことが目的ではなく、しっかり現場で使うことが目的であることを確認していただきたい。高価な機材が壊れたら大変とばかり、倉庫の奥で眠っているという冗談みたいな話にならないようお願いします。

私が警備部長をしていた当時の話ですが、各機動隊を巡視した際に、小隊長や分隊長に対し、日々心がけている点は何かと座談会で質問したところ、半分くらいの者は、不祥事防止と答えていました。確かに、不祥事案の防止は重要ですが、我々はそのために仕事をしているのではなく、治安維持のために仕事をしているのです。先の刀の話と同じで、目先の課題にとらわれるあまり、本来の任務や目的を忘れてしまうことはよくある話です。仕事をするに当たっては、本来の任務や目的は何かということを常に意識していただきたいと思います。

硬直した組織に

アフリカの国境線のような「不寛容な真面目さ」は危うい

「人間は『頭のいい人と悪い人』『真面目な人と不真面目な人』という二つの座標軸で四つに分類することができる。池田君、自分の上司はどのタイプがいいと思うかね」

四〇年ほど前のある夜のこと、警察庁に入庁して間もない私が残業していると、ふらっと現れたA課長から突然こんな問いかけを受けました。当時の私にとって、課長はとてもエライ人でした。

私が口ごもりながら「真面目で頭のいい人だと思います」と答えると、課長はにやっと笑いながら「違うね。考えてもみろ。真面目な上司にガンガンやられると参っちゃうぞ。正解は、不真面目で頭のいい人。ちなみに最悪は真面目で頭の悪いやつだ。だからオレは不真面目にやってるんだよ」と言い残し、またふらっと出て行ってしまいました。

去っていく課長の背中を目で追いながら考えました。「言われてみれば確かにそうだな。くそ真面目な上司につかまって毎日残業させられたらたまらんよ」

やがて、私も部下を持つ身となり、あのときのA課長の言葉の意味を少し真剣に考えるようになりました。

真面目というのは多分に多義的な言葉です。内心の熱意を指す場合もあるし、懸命に取り組む外形的な姿をいうこともあります。さらに、視野が狭く融通が利かない様子を揶揄《やゆ》していうときもあります。A課長のいう真面目とは、いうまでもなくこの三番目の意味でしょう。

しかし、「視野が狭い」とか「融通が利かない」とはいわず、あえて「真面目」という言葉を使ったところがミソです。つまり、自分では第一の意味や第二の意味の真面目さで仕事に打ち込んでいるつもりであっても、いつの間にか第三の意味の真面目さにはまりこんでいることが往々にしてある。そして、このような不寛容な真面目さが危ないと、A課長は言いたかったのではないでしょうか。

しばしば、アフリカ諸国の国境周辺で民族紛争が起こり、多くの難民が出ているとの報道を目にします。これは最近始まった現象ではありません。その理由について、アフリカの内陸部では国境線が一直線になっているからだとする説があります。つまり、第二次世界大戦後、多くのアフリカ諸国が独立した折り、民族の居住実態を調査することもなく地図上に直線で国境を引いたため、同一民族が分断されるような事態が発生し、これが今の紛争を生んでいるというのです。

不寛容な真面目さは、このアフリカの国境線とどこか似ています。信念を通すことは大切なことですが、やみくもに一直線に突き進むことは大きな弊害を生むことを知っておかねばなりません。そして、もし、「寛容さのある真面目」を「不真面目」と表現するのであれば、私は不真面目を勧めたいと思います。

不祥事を起こさないために

私的費用のどんぶり勘定は間違いのもと

どんぶり勘定という言葉をご存じでしょうか。いい加減でアバウトな計算のことですよね。それでは、なぜ、どんぶり勘定というのでしょうか。この点について、多くの人は、きちんとした計量カップなどで量らない、どんぶりで三杯とか四杯といった、いい加減な計量方法に由来すると考えておられるようです。しかし、本当はそうではありません。

よく市場の八百屋のおじさんなどが大きな前掛けをしていますが、その前掛けの前面中央部に付いている大きなポケット、これがどんぶりです。そして、このおじさんは、商品が売れると代金は全部そこに入れ、おつりもそこから出します。場合によると、自分の子供の小遣いもそこから出します。このように、事項にかかわらず、何でもごっちゃにすることをどんぶり勘定というわけです。

このようなやり方は、店主がすべての商品を把握し、かつ、個人の資産と店の資産が一致しているときにのみ成立します。だから、今では、少し大きな店になると、すべてレジスターを使い、どんぶり勘定などしません。

ところが、いまだにどんぶり勘定が残っているところがあります。それは、各署や執行隊などで行われている私的な費用の管理です。例えば、寮や係の共益費などですが、こういうものも、項目ごとに必要額を計算して、合理的に徴収額を決めるべきものです。それをせず、適当に額を決め、余れば、盛大にみんなで忘年会や旅行をやろうというのは、まさにどんぶり勘定としか言いようがありません。こういうことをしておりますと、間違いも起きますし、不公平にもなります。ぜひ、合理的なやり方に改めていただきたいと思います。

精神論の行きすぎに

心の病と精神力は別物

警察においても、心の病で辛い思いをされている方が増えており、その対策が急務になっております。その際、よく注意しておかなければならないのは、この種の病にかかるのは本人の精神力や資質に問題があると切り捨てる傾向があるということです。しかし、これは間違いです。

先日、あるところで、カッターの訓練というのを見ました。カッターというのは、救命艇などに使われる大型のボートのことで、海軍や商船大学などでは、よく基礎訓練に使用しました。

さて、その訓練を見学していたとき、案内の人がこんなことを言いました。「昔のイギリスでは、カッターに乗り込むとき、皆白いシャツを着るのが習わしでした。それが今のカッターシャツの原型です」

私は、思わず笑ってしまいました。カッターシャツというのは、大正時代に、日本のスポーツ用品メーカーであるミズノが考案したものです。それまで、取り外しであった、襟やカフスを一体化したアイデア商品ですが、カッターという名は「戦争に勝った」に由来し、ボートとは何の関係もありません。

一般論ですが、人間は、二つの事項に共通点があるとすぐに結び付けようとします。この場合、ボートとシャツにカッターという共通語があったから結び付けられたわけですが、心の病と精神力も心という共通項があるため、すぐに結び付けられがちです。しかし、それは、シロウト考えというものです。

心の病というものを正しく理解し、対策を的確に講じていただくようお願いします。

大局の見えない部下に

阪急デパートのソースライスと大局的見地

阪急の創業者は小林一三氏ですが、彼が徒手空拳で阪急を起こし、今のような大企業にするまでには、並々ならぬ苦労があったようです。私が、子供のときに聞いた話にこういうものがありました。

昭和の初期は、大変な不景気だったのですが、この頃に阪急グループの一つ、阪急百貨店はスタートしました。デパートですから食堂もあったのですが、不景気の世相を反映して、ライスだけを注文して備え付けのソースをかけて食べる人が後を絶ちませんでした。もちろん、このような客は、阪急だけではなく、大丸や三越といった老舗のデパートにも行ったわけですが、名門デパートでは、この手の客をいやがり、締め出しを図りました。

しかし、小林は、逆にこれを「ソーライ」と名付け、メニューに加えて売り出したのです。とはいえ、これ自体では、あまりもうかりません。むしろ、人件費その他を考えれば、赤字でしょう。しかし、小林は、これに伴う集客を計算したのです。結果は、小林の目論見どおり、阪急デパートは大きく売り上げを伸ばし、名門デパートと肩を並べるようになりました。

「損して得とれ」とは、よくいわれる言葉ですが、物事は、目先のことだけを近視眼的に見ていてはだめです。それに伴う波及効果などを大局的に見ることが大事です。「安全対策上必要だ」などとして、あまり意味のないことを無理押しし、その場は収まっても、後に尾を引き、全警察的に大きなマイナスになるということもあります。幹部には、そのあたりの見極めをぜひお願いしたいと思います。

ここだけの説教-3

寡黙な機動隊長のグサリと刺さる一言

平成四年二月一一日は、私にとって忘れられない日です。何といっても、生涯で一度だけの進退伺を出す羽目になった日ですから。

この日、警視庁の警備一課長だった私は、祝日で官舎にいたのですが、九時を少し回った頃、警察電話が鳴りました。「自民党本部に右翼が侵入した」というのです。とるものもとりあえず、警視庁本部に駆けつけました。事情はこうです。朝の九時過ぎにタクシーで一人の男が自民党本部の前に乗りつけ、立番をしていた機動隊員に拳銃を突きつけ、そのまま、建物に向かいました。

待機していた者も含め三人の機動隊員が後を追い、玄関のところで犯人と対峙しましたが、犯人は、一発威嚇射撃を行って機動隊員をけん制したうえで、階上に上がり、総裁室を占拠したというのです。

　幸いこの日は祝日でしたから、党本部は無人でした。しかし、犯人は、総裁室にあった自民党旗を燃やすなどの暴挙を働き、午後になって、ようやく、説得に応じ投降してきました。

　事件そのものは、それで終わりましたが、その後の後始末が大変でした。警察庁警備局長が激怒しているというので、直ちに警察庁に説明に赴きましたが、調べれば調べるほど悪い材料が出てきます。

　この時、党本部への配置人員は警備計画上は四人でしたが、担当の第二機動隊は三人しか配置していませんでした。理由は、機動隊対抗の柔剣道大会の直前だったから。このような大会のある場合、どこの隊でも特別訓練体制を組みます。つまり、大会出場選手を一般の警備から外して訓練に専従させるのですが、そのあおりで配置人員の運用が苦しくなります。そこで、こっそり一人減らしてしまったのです。

　また、警備車両は、党本部の門の方に頭を向けていなければならないのですが、このときは逆を向いていました。さらに、いざという場合に備え、立番をしている者の横に置いてあるべき大楯などの資材がすべて車両に積み込まれていました。

なぜ、こんなことになったのか。それは、事件の発生時間がポイントです。各重要防護対象の警備部隊の交代時間は、原則九時三〇分です。そして、ほとんどの場合、それより少し早く交代部隊は到着します。交代部隊がやってくると、前日の部隊は、特別のことがない限り、長居は無用とばかり、現場を離れます。そのため、あらかじめ、車両は出発方向に頭を向け、資材は積み込んでいるわけです。しかし、いうまでもなく、これらは警備方針から逸脱しています。

もっとも、報告を聞く警察庁の幹部たちは、こういう細かいところはわかりません。だから、ある程度はごまかせるのですが、しかし、配置人員が少なかったことは言い逃れできません。そして、なにより、拳銃を向けられたにせよ、簡単に入らせてしまった点を集中的に攻められました。

「一体何のために警察官が配置されているのか」

「防護対象を守ろうという気概がないのではないか」

全く反論することができず、警視庁に戻り、直ちに全機動隊長を集めて会議を行いました。

その席で、私は、警察官の使命感を今一度徹底してほしいと指示した後、各隊長に意見を求めました。各隊長は言うべき言葉を持たず、水を打ったように静まり返っていましたが、そのとき、日頃寡黙な第六機動隊長が発言を求め、次のように述べたのです。

「無人の党本部を守るために自分の命を懸けろと指示できるでしょうか」

ぐさりときました。実は、この場にいた誰もが心の底で思っていたことに違いありません。しかし、皆、流れに押され発言することができませんでした。私も、この発言に対し、

「おっしゃる趣旨はわからないでもないですが、基本的には防護対象を守るという与えられた使命は完遂しなければならないと指導していただきたい」

と一般論を述べるのが精いっぱいでした。

今、あらためて、この第六機動隊長は立派だったと思います。もちろん、好きこのんで異を唱える必要はありませんが、流れに棹ささず、言うべきことは言うという姿勢はどんな組織にも求められるものだと思います。

【計画立案】

Planning

緩みがちな組織に

「こぶとり爺さん」上演で気付く問題点。実地が大事だ

日本の有名な昔話に「こぶとり爺さん」があります。最近の若い人の中には誤解される人もおられますので、あらかじめ言っておきますが、こぶとりといっても、私のように太った小太り爺さんではありません。顔についたこぶのことです。それに、そもそも、私は、小太りではなく、大太りです。

この話は、なかなかひょうきんなところもありますし、視覚的にも楽しめるので、小学校の学芸会などでも、しばしば上演されます。しかし、この演目は、実際に上演してみますと、「あれっ」と思うところがあります。

まず、いい爺さんは、鬼と踊りを踊った後、「明日も来いよ。その担保にこのこぶを預かっておく」として、こぶを取られるわけです。

だとすると、その時、爺さんの顔からは、こぶはなくなったはずです。そして、このいい爺さんの真似をして、悪い爺さんが自分のこぶも取ってもらおうとして、鬼のところへ出かけていくわけですが、この爺さんの方は顔にこぶがついているわけです。とすると、鬼は、この爺さんを前夜の爺さんと間違えるわけはないのです。このことは、本を読んでいるだけではわからないのですが、実際に劇をやってみるとはたと気付きます。そこで、実際に劇をやるときは、鬼は、実は違う人物であると気付いていたが、あえて踊りをさせたというふうにストーリーを変えている場合が多いようです。

つまり、頭だけで理解してわかったつもりでいて

は、思わぬ見落としをします。だからこそ、実際に試してみることが大事なのです。特に、警備実施のように、一見同じようにみえながら、本当は異なった条件のもとで行われるものについては、頭の中で考えるだけでは危険です。常に、五感で確認することの重要さをご認識いただきたいと思います。

硬直した組織に
終息を考えずに始めた太平洋戦争の教訓

太平洋戦争については、いろいろ疑問があるのですが、私が最大の疑問に感じるのは、当時の指導者は、どのようにしてこの戦争を終わらせようと考えていたかということです。

真珠湾でアメリカの太平洋艦隊を撃滅するという戦術はいいでしょう。そして、南方戦線への補給路と輸送路を確保して、戦争を優位に進めるというのはわかるとしても、まさか、アメリカ西海岸に上陸し、一気にワシントンまで進撃するという作戦まで立てていたのでしょうか。これは、ちょっと、正気の沙汰とは思えません。

かといって、ある時点で、どこかの国を立てて、講和を成立させるという計画があったともみえないのです。この点が、開戦と同時に、アメリカに仲裁工作をするとともに、ロシア内部で反戦気運の盛り上げを図った日露戦争と全く異なるところです。戦っているうちに何とかなると思っていたとしたら、極めて甘い見通しだったといわざるを得ないと思います。

もっとも、私たちの仕事でも、いろいろな形でせかされたり、追い込まれたりして、先の見通しを立てぬまま、見切り発車をすることもあります。ひょっとしたら、太平洋戦争もその類いだったのかもしれません。

しかし、そのような形で始まったとしても、スタートと同時に収束も始めるべきなのですが、太平洋戦争にはその形跡がほとんどありません。スタートよりも収束の方が難しいとはよくいわれることです。勢いに乗って、プロジェクトをスタートさせるのは簡単でも、その収束は展開によって異なりますから、細心の注意が必要です。

「大胆かつ細心」とは、スタートにあたって、心意気は大胆に、収束の見通しは細心にという意味に理解すると、よくわかるのではないでしょうか。

本末転倒にならないために

「川中島の戦い」は目標がない仕事だった

古来、有名な合戦に川中島の戦いというのがあります。甲州の武田信玄と越後の上杉謙信が信濃の領有をめぐって戦ったものですが、そのすさまじさと両者の虚々実々の駆け引きから広く人口に膾炙《かいしゃ》しております。

しかしながら、私は、戦術的にはともかく、戦略的にはあまり意味のなかった戦いではなかったかと思っています。

といいますのも、当時は、いわゆる戦国時代で日本国中いたるところで戦いが繰り広げられていましたが、上杉も武田も、その中で京に上り、天下に号令するのが目標だったはずです。上杉は、野心がなかったとはいえ、足利将軍家を助け、天下を安定させたかったはずです。武田は、その後の行動をみればわかるとおり、天下取りの野心を持っていました。その両者が目的達成のためにするべきは、信濃の領有をめぐって争うことではなく、いかに京都への道筋を付けるかではなかったでしょうか。

孫子の言葉に「戦勝攻取して功修めざれば凶なり」というものがありますが、これは、仮に戦いに勝って城を攻め落としても、目標からずれておれば意味がないし、むしろ、悪い影響を与えるという趣旨です。

私は、そういう意味で川中島の戦いには否定的なのですが、我々の仕事も単に数字的な実績を残せばいいというものではありません。例えば、あまり事故防止に効果のない路線で取り締まりを実施し、数字をかせいでも意味がないばかりか凶であります。

管理者たる皆さんは、単に数字にのみこだわるのではなく、このような点にも配慮していただきたいと思います。

先入観にとらわれる部下に

個々の要素の分析に終始する江川の解説ははずれる

プロ野球解説者に江川卓氏という人がいます。彼の解説の特徴は、極めて分析的であるという点にあります。だから、非常に説得力があり、思わず、「なるほど」となってしまいます。

随分以前のことですが、江川氏の相手をしていたアナウンサーが「江川さんの解説のすばらしさをどれだけの人が理解しているだろうか」と悲憤慷慨《ひふんこうがい》していましたが、確かに、自分の思い出話を語り、「昔の選手はすごかった」と言うしか能がない連中に比べれば、格段にすばらしいとは思います。

しかし、残念ながら、彼の解説なり予想なりは、当たらないのです。このときも、いよいよ大詰めという場面で登場してきたバッターに対し、江川氏は、いろいろな技術的かつ心理的分析を加え、「絶対に打てない」と断言しました。これを聞いていた私は、かたわらで一緒にテレビ観戦をしていた二人の息子に向かい、「絶対に打つ」と父親の威厳をかけて言い切りました。結果は見事なホームランで、劇的な幕切れとなりました。息子たちの「どうしてわかったの」という質問に対し、私は自信を持って「(予想がほとんどはずれる)江川が打てないと言っていたからだ」と答えました。分析的推理を実証的データが打ち砕いた瞬間でした。

江川氏の予想は、なぜ、はずれるのでしょうか。

それは、自分の分析力に絶対の自信を持っているからです。分析による推理とは、つまるところ、結果にいたる諸要素の分析の集合体です。しかし、それでは、そこにおいて全要素が網羅されているかといえば、必ずしもそうではないでしょう。いや、神ならぬ身である我々です。全要素が網羅されていることなどありえません。さらに、各要素の結果に対する比重もわかりません。ひょっとすれば、無視して差し支えないような要素を重要な要素として抱え込んでいる可能性もあるし、その逆もあるでしょう。

それでは、どうすればいいのか。難しいことではありますが、分析に基づく推理を実証的データで補正していくしかないでしょう。そして、そこで得られた要素分析のノウハウを次回の分析的推理のときに活用して、推理の精度を高めていくのです。例えば、雨の日はスリップしやすいという分析から死亡事故が多いという推論が成り立ちます。しかし、実際には皆が注意するため少ないのです。そこで、雨の日は事故が少ないと補正します。ところが、小さな事故は晴れの日より多いのです。つまり、注意力よりスリップの危険がその範囲でまさるのです。そこで、雨の日は、大きな事故は少なくなるが、小さな事故は増えると再補正がなされるわけです。このような検証が不可欠なのです。しかし、どうやら、江川氏は、自らの分析力に自信を持つあまり、そのような検証を怠っているのではないでしょうか。

随分以前のことですが、ある政治評論家が総選挙の結果予想をしたところ、全くの大はずれでした。その評論家いわく「結果が間違っている」。自信家は、ときとして、このような感想を抱きがちです。しかし、江川氏がそのような自信を抱きつづけるならば、実証的データを経験的に処理することしかできない解説者にも、いつまでたっても及ばないということになるでしょう。

さて、今述べたことは、我が身にも置き換えて考えなければならないでしょう。我々、警察の仕事は、一種の情報産業です。いろいろなところから吸い上げられてくる情報を処理して、まさに分析的推理をし、次の一手を考えます。それが当たればいいのですが、はずれる場合もままあります。そのとき、なぜ、読みがはずれたかという観点から分析的推理と実証的データの突き合わせを十分にやっているでしょうか。今後、情報化社会は一層の進展を遂げていくでしょう。それに応じて、情報量が飛躍的に増えるでしょうが、それだけではなく、人の価値観や行動様式もますます多様化していくことでしょう。つまり、分析すべき要素がそれだけ増加し、分析的推理もそれだけ難しくなるということです。だからこそ、実証的データによる検証が大切なのです。「結果が間違っている」では許されません。

硬直した組織に
「前例が目的としていたこと」を考え、前例踏襲せよ

前例踏襲という言葉がありますが、一般的にはあまりいい意味で使われません。いかにもガチガチの官僚主義のような文脈で語られます。

しかし、前例なり先例なりを調べるのは、決して悪いことではありませんし、むしろ、必要なことです。そもそも、法令や申し合わせなどのない場合、先例に従うというのは、人間生活の知恵であり、基本です。この世の中、法令や申し合わせで決まっていないことはゴマンとありますから、先例で判断せざるを得ないことも数多くあるというべきです。そのため、例えば、国会などでは、わざわざ、衆議院先例集のようなものまで作って、行動規範としています。

ですから、前例、先例を調べるというのは、大変意味のあることなのですが、ここで考えなければならないのは、それぞれの前例にはそれなりの前提があり、それに基づく目的があるということです。

会議の議題であれば、その頃、県警全体をこちらの方向に導くことが急務であったからこのような議題が選ばれた、大会のあいさつであれば、当時、このような報道があり必然性があったから話題として取り上げたというようなことがあるでしょう。つまり、それぞれの前例には目的としていたものがあるはずであり、それを知ることが単に実績を知ることよりはるかに大切です。それを知ろうとせず、前例

がこうだから今回も同様にとやってしてまうと、前例踏襲と揶揄《やゆ》されることになります。

俳人、松尾芭蕉の言葉に「古人の跡を求めず、古人の求めしところを求めよ」というものがありますが、過去の実績をなぞるだけでなく、過去において何をしようとしていたかを追求すれば、今後の仕事に建設的に活かすことができるのではないかと思います。

硬直した組織に

思考パターンに「非線形の思想」を取り入れろ

大きな警備が始まり、投入される部隊数は飛躍的に増えましたが、だからといって、これで安心というわけではありません。隊長をはじめ幹部の皆さんが個々の配置等について細かくチェックしていただきたいと思います。

線形の思想というものが世の中にあります。投入する力が大きければ大きいほど、得られる効果は大きくなるという考え方です。例えば、夏の夜に屋外でライトを点けますと、虫がたくさん集まってきます。それでは、このライトを二台にすると、集まってくる虫の数は二倍になるでしょうか。あるいは、二倍にならなくても相当数増加するでしょうか。

もし、増加するのであれば、線形の思想が成立することになります。しかし、実際にやってみると、必ずしもそうはなりません。当然、その日の天候とか場所に左右されるでしょうし、その他いろいろな要素が複雑に絡まっているからですが、それだけでなく、世の中には数字で測れないものがあるからです。これを非線形の思想といいます。

人間の思考パターンは、どうしても、線形の思想に傾きがちです。そして、実社会も単純にそのように動くものだと考えてしまいます。警備に当たっても、部隊数が二倍に増えれば、安全度が二倍とは言わないまでも、大幅にアップするものと考えてしまいます。

しかし、世の中、そう簡単なものではありません。まず、線形の思想が成り立つためには、いろいろな要素に分解して、それぞれをグレードアップすることが必要です。

阻止車両のセットの仕方、検問の具体的なやり方など警備を構成する多くの要素をきっちり点検し、部隊の増加に見合う対策を講じて、はじめて安全度は向上するのです。それに加えて、部隊員一人ひとりの気持ちが大事です。このような数字で測れない部分、すなわち、非線形の部分を加味すると、警備力はさらに向上すると思います。

部隊の数は多かったけれど、結局、テロやゲリラをやられてしまったというようなことのないように、ぜひお願いします。

硬直した組織に

短期戦か長期戦か見極めて備えろ

最近では、南極も観光旅行の対象のようですが、一昔前までは、冒険家たちがまさに決死の思いで向かったものです。特に、南極点一番乗りをかけたイギリスのスコットとノルウェーのアムンゼンの争いは、壮絶を極めました。

このとき、スコットは馬ぞりを、アムンゼンは犬ぞりを使ったのですが、結果的には犬ぞりが勝ちました。というのは、スピードそのものは馬の方が速いのですが、馬は草しか食べません。そのため、馬にえさを与えられなくなり、馬は皆死んでしまったのです。これに対し、犬はアザラシでもペンギンでも食べますので、えさの補給が簡単で、最後まで走りきったというわけです。

話は変わりますが、隅田川で行われる早稲田大学と慶応義塾大学のボート対抗戦を早慶レガッタといいます。明治時代に始まった伝統の一戦ですが、その中でも、昭和三二年のレースが有名です。このときは、激しい風雨の中でレースが行われたのですが、早稲田は、浸水を予想して、一部の選手にバケツを持たせ、水の汲み出しをさせたのです。一方、慶応は、最初から一気にとばす作戦です。レースは、慶応がどんどんリードを広げ、圧勝かと思われたとき、慶応のボートは浸水に耐えられず沈没し、早稲田の勝ちとなりました。

スコットも、慶応も、いずれも短期決戦であれば勝利をつかんだことでしょう。しかし、諸要素が絡み、勝負が長引いたため、負けてしまったのです。

仕事、特にプロジェクトのようなものに取りかかる際は、それがどのくらいの期間にわたるかを見極めることは、とても大切です。短期なら短期用の、長期に及ぶなら長期用のメンバー、役割分担、環境整備などをしておかないと、意外なところで足をすくわれます。

ここだけの
説教-4

地下鉄工事の人も動員したご成婚パレード警備

平成五年は、三月に沖縄で植樹祭があり、天皇皇后両陛下の沖縄行幸啓が予定されていました。沖縄行幸は初。過激派は「絶対阻止、沖縄に入れるな」と呼号、大警備が予想されていました。七月には第三回東京サミットがあり、こちらも大警備が必定でした。

当時、警視庁では、植樹祭警備をＳ１警備、サミット警備をＳ２警備と呼び、準備を進めていたのですが、そんな時、突然、ビッグニュースが飛び込んできました。一月六日にワシントンポスト紙が「皇太子殿下が小和田雅子さんと結婚」と報じたのです。

報道は警視庁にとっても衝撃でした。過激派は天皇制を否定していますから、その永続につながるご成婚には大反対です。何かと邪魔をしようと画策するでしょう。一方、お披露目のパレードには日本中から多くの人が集まります。群衆が折り重なって倒れると大惨事になってしまいます。雑踏対策は過激派対策と同様に重要です。ご成婚関係警備をA警備と名付け、事務局を立ち上げました。二つのS警備も含め、SAS警備となり、まさに警視庁史上に残る一連の大警備となったのです。

A警備の最大の眼目は、六月九日、皇居での儀式を終えられた後、東宮御所に向かわれる際の奉祝パレードです。今上陛下のご成婚の折りのような馬車列ではありませんが、オープンカーで低速走行しますから、攻撃しようとする者にとってはまたとない機会です。また、大喪の礼や即位の礼で使われた青山通りに比べ、パレードコースになった新宿通りは周囲のビルなどから攻撃しやすいといえます。そして、雑踏。警視庁では、このパレードコースに最大級の人員を投入し、対応することとしました。

いろいろな作戦を考えました。例えば「日の丸作戦」。沿道の人たちに日の丸の小旗を渡し、車列に対し旗を振らない者がいたら「怪しい」と目星を付けるというものでしたが、実際には、一斉に旗が振られると誰が振っていないかなどわかるものではありません。失敗に終わりました。頭の中だけの作戦というのはこんなものです。

本当の車列の前に女性白バイ隊を走らせるという作戦も立てました。はなばなしく走行させて、車列を妨害しようとする者をおびき出す、いわば囮《おとり》作戦です。これは事前に世の中に知られてはなりません。ところが、その点をよく理解していなかったのか、マスコミの問い合わせを受けて、交通部がぺらぺらとしゃべってしまったのです。交通部としては、奉祝の一行事としか考えていなかったのかもしれません。多くの組織を動員すると、こういう意識合わせが難しくなると痛感しました。

明日が本番という日の夜、最後の作戦会議を開きました。部隊配置の再確認をした後、担当管理官に聞きました。

「それでも、部隊が不足したらどうする」

「もう部隊はありません」

「仕方がない。重防部隊からひねりだそう」

重防部隊とは、御所など重要な施設を警備する部隊。基本的には、配置と待機の二交代です。ですから、短い時間であれば待機の部隊を転用できるのです。とはいえ、こんなことはめったにやりません。そこで、あらかじめ、重防部隊に連絡し、心づもりをさせました。

明けて、六月九日。朝から雨でした。人出は少ないかなと思っていたら、午後からは晴れあがり、パレードの始まる夕刻には沿道に人があふれかえりました。四谷見附交差点では担当の特科車両隊（警視庁に一〇ある機動隊の一つ）だけでは群衆を支えきれません。パレードはどんどん近づいてきます。「応援求む！」の無線。

最後の手段である重防部隊の転用を下命します。四谷見附にいちばん近い東宮御所担当の重防部隊（第二機動隊が担当）は、直ちに応じ、隊長以下でパレードコースを逆走し、駆けつけます。特科車両隊長は「第二機動隊が天使に見えた」と表現していました。

第二機動隊が来るまでの間、特科車両隊は知恵を絞り、工事中だった地下鉄南北線の現場作業員にお願いして群衆を抑えるパイプ柵を支えてもらっていました。

危機管理は、事前にさまざまな角度から検討して綿密な計画を作る「リスクコントロール」と、現場で事態に臨んで果断に判断する「ダメージコントロール」からなります。この警備は、もしもに備え予備部隊を指定したリスクコントロールもさることながら、それに臨機応変に応えた第二機動隊長、特科車両隊長のダメージコントロールもほめられるべきでしょう。

【人事管理】

Human Resource Management

判断ができない管理職に

管理職は「ドの♯」と「レの♭」を聴き分けろ

音楽の用語に平均律というものがあります。私も専門家ではありませんので、詳しいことは知りませんが、簡単にいえば、こういうことです。まず、音といいますのは、連続的につながっているもので、階段状につながっているものではありません。

しかし、それでは、譜面に残し、また、他人に音楽を伝えることが難しくなります。例えば、第一音は四四〇ヘルツ、第二音は四九四ヘルツ、第三音は五二三ヘルツなどとやられたらたまりません。

そこで、音階というものがつくられます。音階にも幾つか種類があるようですが、今、我々が使っているのは、ドから次のドまで、いわゆる一オクターブを一二等分するやりかたです。一番よくわかるのはピアノの鍵盤で、黒鍵と白鍵を合わせると一二になります。このような音階の作り方を平均律といいます。

そして、この平均律を完成させたのがかの有名なバッハです。バッハのことを音楽の父といいますのは、そのためです。ところが、ここで困ったことが起きます。それは、本来、異なるべき音を同一の音とせざるをえないために起きた問題です。例えば、ドのシャープとレのフラットは本来は違う音なのです。ですから、プロのバイオリニストは、この二つの音を弾き分けています。しかし、ピアノではこの二つの音は同じ音として表されることになるのです。

私たち、本部の行う指示は、いわばピアノによって表現された音なのです。つまり、全部署に通じるように平均的に話しています。

しかし、プロの演奏者である皆さん方は、それが、ドのシャープなのかレのフラットなのか、それぞれの部署の事情にあわせて見極めていただきたいと思います。そして、本部の指示はそうかもしれないが当部では少し控えめにやろうとか、逆に若干強化しようとか自分の頭で考えていただきたいと思います。それが管理職の役割ではないかと思います。

閉鎖的な組織に
ウルトラマンの華やかさより スーパーマンの重い任務を

ウルトラマンとスーパーマンの違いをご存じでしょうか。そりゃ顔つきや体格が違うよと言われるとそれまでなのですが、実はその基本的性格に大きな相違があります。

ウルトラマンとスーパーマン、いずれもその実体は地球外生物ですが、ウルトラマンが地球に一大事があったときにだけ駆けつける、いわば「一時来日宇宙人」なのに対し、スーパーマンは我々と苦楽を共にする「地球市民」なのです。そして、スーパーマンは、お手伝いではなく、自らの問題として、日夜、地球の悪と戦っているのです。

ところで先日、埼玉県警察学校では新任警察官二一九人の卒業式がありました。彼らは、この四月に入校し、約六か月の研修を終え、この日を迎えたのです。

当然のことながら、警察学校は職業訓練学校でありますので、研修内容はかなりハードです。法学や実務はもとより、礼式や教練、さらに柔剣道、逮捕術、マラソン、拳銃といった体育会系(?)の科目も盛りだくさんです。また、全寮制ですから、私生活も相当程度拘束されます。最初は学生生活の延長気分だった入校生たちも、日がたつにつれ顔つきが変わっていくのがわかります。

あまり言いたくありませんが、単に公務員で身分が安定しているからなどという安易な気持ちで入ってきた者は、容赦なく振り落とされます。卒業式で久しぶりに対面するご家族の中には「あまりにも精《せい》悍《かん》な顔立ちに変貌しているので驚いた」と感想を述べられる方も少なくありません。

もちろん、まだまだ駆け出しで経験もありません。その実力にも疑問符が付きますが、厳しい治安情勢の中、第一線にとって貴重なフレッシュパワーであることは間違いなく、彼らに期待するところ、大なるものがあります。

そして、彼らには、ウルトラマンではなくスーパーマンになってほしいと願っています。つまり、なにかあったときだけちょこっと駆けつけるのではなく、そこに住む人たちと哀歓を共にし、自らの問題として事件に取り組む警察官になってほしいということです。

ウルトラマンの行為は華やかで、しばしば世の称賛を浴びます。これに対し、スーパーマンの務めは重く、辛い。しかし、そのような務めを果たすことに喜びを感じる、そんな警察官になってほしいのです。

仕事を抱え込む管理職に

「分割して任せる」スピルバーグ監督は課長の手本だ

私は、常々、課長さんはディィレクターでなければならないと申し上げています。ディレクターとは何かといいますと、監督あるいは演出家ということです。つまり、何もかも自分一人でやるというのではなく、いかに皆の知恵と力を結集させるか、そこが課長の腕の見せどころだというわけです。

アメリカの有名な映画監督にスティーブン・スピルバーグという人がいます。「ジョーズ」とか「E・T」といった大ヒット映画を制作した人ですが、私がこの人はすごいと思いますのは、「はずれ」の作品がないということです。どんな作品でも、ある程度のヒットをとるのです。そんな彼の映画作りの秘訣は、それぞれの分野の専門家に任せるということと、映画を細分化し、部分部分をバラバラにして考えるということの二点であると聞いたことがあります。

いかに監督といっても、すべての技術のトップにいるわけではありません。カメラなり、メーキャップなり、特撮なり、それぞれの専門家がいます。もちろん、最終的なチェックは自分がするにしても、それぞれの分野の最高の技術が発揮されるように配慮するのが監督の仕事というわけです。課長さんも同じです。長くその仕事に携わってきた人の力が生かされるようにしてほしいと思います。

次に、部分部分に分けるということですが、これも、最終的に全体を考えるのは、ディレクターたる課長の仕事であることはいうまでもありません。しかし、全員で全体ばかり考えていても仕方ありません。各個人には、その人の能力に応じて、パーツを与え、それぞれが与えられたパーツを最高のものに仕上げるよう努力させることが重要なのです。そのようにしてでき上がってきた各パーツをいかにうまく組み合わせるかが課長の仕事なのです。

何度も申し上げますが、それぞれの構成員の力をどのようにして最大限引き出すかが課長の使命です。そして、これが、課長さんはディレクターと申し上げている意味であるとご理解いただきたいと思います。

閉鎖的な組織に

管理職は世の動きを組織に伝える「如来」になれ

仏教には密教と顕教とがあります。最初、日本に伝えられたのは顕教ですが、平安時代になって、空海により密教が伝えられました。あまり言いたくありませんが、かの麻原彰晃のオウム真理教も密教です。

密教と顕教の違いは、簡単にいうと、宇宙の真理の悟り方にあります。仏教では、宇宙の真理のことを「如」または「真如」といいます。そこで、この如の世界から人間界に救済のために来る者を如来というのです。そして、最高仏であり、この如を体現しているとされるのが大日如来です。

顕教では、この大日如来の教えを説くために釈迦如来が人間界に現れたとし、人間は釈迦如来の教えを学ぶことになります。一方、密教は、仲介者を経ずに、直接、大日如来の教えを学ぶべきだとします。しかし、それには自らの体と精神を鍛えた上で、インスピレーションで感得せねばならず、極めて難しいとされます。

世の中の動きについても同じことがいえます。自分自身で世の中の動きを感じ取り、その行動に活かすことができる人は、ごくわずかです。

だからこそ、それぞれの管理者が釈迦如来のような役目を果たし、部下たちを導いていかなければならないのです。管理者である皆さんは、世の中の動きを敏感に察知し、組織に伝える伝道者の役目を果たしてほしいと思います。

緩みがちな組織に

チームワークの本質はお互い助け合うことではない

各種術科の大会において、優勝チームが「チームワークの勝利である」とコメントするのをよく耳にしますが、そもそも「チームワーク」の本質とは何でしょうか。

「お互い助け合うこと」であると答える人がいますが、私はそうではなく、チームワークの本質は次の二つであると考えています。

一つは、「チームの各構成員がそれぞれ与えられた任務をしっかりやること」です。チームワークは、一人でも自分の任務を怠ると、崩壊してしまいます。もう一つは、「越権行為をしないこと」です。よく居酒屋で、他人の飲み物やつまみまで注文する人がいますが、あまり愉快なものではありません。同様に、越権行為はチームワークを崩すことになります。

中国古典の「韓非子」に載っている話ですが、昔、韓の昭侯が酒に酔って転寝《うたたね》をしていたところ、昭侯の冠を担当する者が昭侯が寒そうなのを見て衣服をかけました。昭侯は、目を覚まし、衣服がかけられていることに喜び、衣服をかけてくれたのは誰かと問うたのですが、それが冠の担当者であると聞くと、昭侯は逆にけしからんとして、冠の担当者と衣服の担当者の両方を罰しました。衣服の担当者を罰した理由は与えられた任務をしっかりやらなかったからですが、冠の担当者を罰した理由は越権行為をしたからでした。私は、この昭侯の行為を無条件によしとするものではありませんが、越権行為はときにチームプレーを乱すもととなります。

各所属においては、チームワークの本質は単に「お互い助け合うこと」ではないということを十分理解した上で、仕事を進めてほしいと思います。

連帯感がない組織に

あじさいの色とOBという土壌

本日は、恒例のOB会に私ども現役の者も多くお招きいただき、まことにありがとうございます。心より御礼申し上げます。

さて、私がここに来る途中、ちょうど季節もよく、あじさいがここかしこで咲いているのを見かけました。あじさいは、あづあい、つまり、藍色が集まっているという意味の言葉が語源だと聞いております。あじさいは、今は、青だけでなく、赤など様々な色の花がございますが、昔は、青系統のものが多かったのでしょうか。

また、あじさいの花の色は、その土壌によって決まるとも聞いております。酸性土の場合、青になり、アルカリ性土の場合、赤になるなどといわれておりますが、考えてみれば、我々現役の者も、ＯＢの皆様方という土壌によって生かされているのではないかと思います。図々しく、言わせていただくならば、我々がどのような色をつけるか、我々がどのような仕事をするかは、ひとえに皆様方のご指導によって決まるといっても過言ではありません。我々がドジを踏んだとすれば、それは、皆様方の我々に対する教育が十分ではなかったと、こうご理解いただければと存じます。

いささか冗談めかして申し上げましたが、いかに我々が皆様方を頼りにしているかということをご理解いただければ幸いです。今後とも、私どもに温かいご指導を賜ればと心からお願い申し上げる次第です。

硬直した組織に

テトラパックの完璧さと不都合さ

若い人はご存じないかもしれませんが、私が小学生か中学生だった頃、牛乳のテトラパックというものが出回りました。三角錐の形をした牛乳パックのことなのですが、面が四つあるため、ギリシャ語で四を意味するテトラと英語のパックを合成して、テトラパックという商品名になったわけです。

当時は、まだ、ビン入りの牛乳が主流でしたから、この紙パック入りの牛乳を物珍しそうにみんなで飲んだものですが、それはさておき、なぜ、このような変わった形になったのでしょうか。それは、三角の形をしていると、上の方が狭くなり、空気が容易に抜けるからです。このようなパック牛乳の場合、上の方に空気が残っていると、そこに雑菌がはびこり、衛生状態を悪くしてしまうため、空気を完全に抜くことが重要なのです。

同じことは、我々の職場でもいえます。例えば、施策や教育を行うときは、もれなく一〇〇パーセント実施することが大切です。一部にでも、忙しいとか勤務ローテーションが合わないというような理由で例外を認めますと、とたんに全体が緩み、施策、教育の効果も半減するものなのです。

ところで、そのテトラパックは、なぜ、今ではなくなってしまったのでしょう。その原因は、やはり、形状にありました。テトラパックは、立方体や直方体の容器に比べ、運搬や保管が不便なのです。そのため、全世界的にテトラパックは廃れ、今では北欧の一部にしか残っていません。

同様に、いくら実施する施策や教育がすばらしいものであったとしても、そのために他の業務に支障が及ぶようでは、長続きしません。いかに、通常業務に影響を及ぼさず、効果的に実施するかも、あわせて考えていただきたいと思います。

緩みがちな組織に
部署は電柱だ。他部と引っ張り合い、支え合え

先ほど、地域部から携帯電話による一一〇番通報があった際の位置特定のため、電柱の場所表示を利用する旨の報告がありました。既に一部の都県で行われているとはいえ、大変いい着眼だと思います。ただ、今後、電線の地中化が進み、電柱は少なくなっていくと思われます。そのときは、また、どのようにするか考えていかねばならないでしょう。

ところで、電柱がなくなって困るのは、何も通信指令業務だけではありません。一部の信号機は、電柱に設置されており、電柱がなくなれば、このような信号機をどうするかという問題が出てきます。私が警察庁の交通規制課の理事官だったとき、円高差益を還元する一つの方策として、この電線地中化事業が一挙に進み、各県の交通部が悲鳴を上げたことがあります。予定外の出費を強いられたからです。

そこで、私は、電力会社に連絡をして、電線を地中化しても、信号が設置されている電柱はしばらく残しておいてもらえないかと依頼したことがあります。しかし、先方の返事は「ノー」でした。

説明によると、電柱の強度というのは、単体で計算していないというのです。電柱同士が電線で引っ張り合っていることを前提にしているため、単体での強度はわからない。極端にいうと、電線をはずすと、電柱は倒れてしまうかもしれないというのです。

この話が本当かどうか確認していません。実は、厄介払いするためにこんなへ理屈を言ったのかもしれません。しかし、十分にあり得る話ですし、また、組織にもあてはまる理屈だと感じました。

本部内の各課あるいは各警察署は、それぞれ単体で存在しているわけではありません。他の所属と引っ張り合い、支え合って、はじめて存在できるのです。ですから、つまらない縄張り根性をもたず、お互いが支え合うことが何より大事なのですが、ここで強調しておきたいのは、引っ張り合う、つまり緊張関係を保つということです。単なるもたれ合いでは、いずれ両方とも倒れてしまいます。引っ張り合い、緊張感を持ってお互いを高めていくことを、ぜひお願いしたいと思います。

悩めるリーダーに

柳沢吉保、新井白石に学ぶナンバー2の仕事

江戸城内の刃傷沙汰《にんじょうざた》、つまり、抜刀する行為は御法度ですが、これを犯して、吉良上野介を斬りつけた浅野内匠頭が切腹を命ぜられたことは有名です。これがその後の赤穂義士の仇討ちにつながったわけですが、この事件があまりにも有名になったため、江戸城内の刃傷沙汰はこの一件だけのように誤解されている向きがあります。

しかし、実際には、はっきりしているものだけでも九件あり、平均すると三〇年に一回くらいの割合で発生しています。その中で、歴史的に大きな意味を持つものは、一六八四年の大老・堀田正俊が殺害された事件と一七八四年の若年寄・田沼意知が重傷を負い、その後、死亡した事件です。

吉良上野介の事件は、その間の一七〇一年に発生していますが、歴史的な意義はそれほどでもありません。

なぜ、今述べた二つの事件が大きな意味を持つのか。それは、最初の堀田事件以降、老中が将軍から遠ざけられ、その間に立つ側用人の存在が大きくなったからです。

そして、後の田沼事件では、そのような側近として力を伸ばした田沼意次の息子が重傷を負うことで、再び、老中の力が強くなるのです。つまり、この二つの事件の間の一〇〇年間は、格式や門閥で選ばれた老中が失権し、柳沢吉保、新井白石、間部詮房ら実力のある者を将軍が腹心として登用した時代だったのです。彼らの政策の評価は別として、ナン

バー1と力のあるナンバー2がしっかり心を合わせた時代であり、幕府が組織として最もしっかりした時代でありました。

副署長、次長の職にある人は、ぜひ、このような組織を目指してほしいと思います。具体的には、常に所属長を助け、心を合わせることを考え、かつ、仕事を課長や担当者任せにしないということです。何とぞ、よろしくお願いします。

不祥事を起こさないために

「命の水」を「狂気の水」にするな

このところ、飲酒に伴う事故が目立っており、誠に残念なことです。職員の方々は、みんな、分別のある大人なのですから、上司や組織から言われるまでもなく、自らを律した、正しい酒の飲み方をしていただきたいものです。

皆さんの中には、ウイスキーが好きな人もおられることと思いますが、ウイスキーというのは、古代ケルト語（かつて、今のイギリスに住んでいた民族の言葉）のウシュクベーハー、それが変化したウスケボーという言葉が語源です。確か、こんな名前を冠したパブもあったという記憶がありますが、そのウシュクベーハー、ウスケボーとは、「命の水」という意味です。

実際、アメリカの独立戦争のとき、独立軍の司令官だったジョージ・ワシントンは、ある技を用いて、志気を鼓舞し、イギリス軍に逆転勝利をおさめたのですが、そのある技とはウイスキーを飲ませることだったのです。

ところで、ウイスキーは、アメリカに渡ると同時に原住民（ネーティブ・アメリカン。かつてはインディアンと呼ばれた）にも広まったのですが、彼ら原住民たちは、ウイスキーのことを「狂気の水」と呼んでいたそうです。確かに、ウイスキーをがぶ飲みしていては、乗馬や狩猟は難しいでしょう。

つまり、ウイスキーに限らず、酒には二つの側面があるということです。命の水として、組織や人を活性化する側面と、狂気の水として、人を狂わせ、組織を傷つける側面とです。飲酒事故が起きると、しばしば、飲酒を自粛しようというような施策がとられますが、単に酒から遠ざかるだけでは、根本的な解決とはなりません。

酒と正しく付き合い、命の水としての効用をいかに生かすかを考えていくべきではないかと思います。

緩みがちな組織に

恩賞はタイミング、それで戦いに勝つこともある

しばしば混同されていますが、姓と名字は異なるものです。姓とは、氏族に対して天皇から与えられるものです。ですから、天皇家には姓がないのです。一方、氏族が職能分化していくとき、それぞれの家が名乗ったものが名字です。

例えば、藤原というのは姓です。摂政や関白になることができる最も格の高い家は近衛とか鷹司などという名字を名乗っています。その次の太政大臣までなれるクラスの家は西園寺とか今出川などと名乗っています。ちなみに、今、名字として藤原を名乗っている人がたくさんいますが、その多くは、本来

の藤原氏とは何の関係もないと思われます。

さて、一四世紀初頭、後醍醐天皇が鎌倉幕府打倒の声をあげたとき、これに呼応した二人の武将、足利尊氏と新田義貞は、名字は違いますが、いずれも姓は源でした。そして、倒幕のあかつきには自ら征夷大将軍になることを夢見たのでしょう。しかし、専制君主を目指す後醍醐天皇は、これを認めませんでした。そのため、尊氏は離反するのですが、後醍醐天皇の命を受け、尊氏の討伐に向かったのが義貞です。義貞は、同じ源氏でも格上の尊氏を討ち、うまくいけば、自分が将軍にと思ったのかもしれません。いずれにせよ、義貞軍は意気盛んで、状況的には圧倒的に有利でした。しかし、この戦いの勝利者は尊氏でした。

なぜ、尊氏が勝ったのか、それは、恩賞の与え方にあったといわれています。追いつめられた尊氏は、自分の財産を全部さらし、手柄をあげた者にその場で直ちに恩賞を渡したといいます。これに発奮した足利勢は、劣勢を跳ね返したわけです。

この話は、時宜を得た表彰がいかに重要かを物語っています。そして、即賞制度というのは、このようなタイミングのいい表彰をするために設けられたものです。もちろん、濫賞になってはいけませんが、積極的な活用を図り、頑張った者が報われるという気運を高めていただきたいと思います。

悩めるリーダーに

部下に関心を持て、無視するな

人の管理は、人を知らずしてできるわけはないと思います。どういう材料を与えられているかを知らずに、家を作る大工はおりませんし、車の性能を知らずにレースに参加するF１ドライバーもおりません。同様に、どういう部下がいるかを知らないで署の運営ができるわけがないのです。折に触れ、自分の部下がどういう人物なのか、どういう能力を持っているのか、知る努力をしていただきたいのです。

しばしば、部下は上司にいろいろなことを知られるのを嫌がるという人がいます。しかし、それは、多くの場合、間違いです。部下は口では「まいったな」とか言いながらも、上司に関心を持ってもらうことを喜んでいます。私の元上司で、部下をフルネームで覚えるのが得意な人がいました。酒席などでお会いすると、必ず「克彦」などと下の名前で呼びました。名前を呼ばれた人たちは、いまだに覚えていて、懐かしそうに「○○さんは名前で呼ぶんだよね。まいっちゃうよ」などと言っていますが、本当にうれしそうです。

部下というのは、それほど上司に関心を持ってもらいたいものなのです。これには理由があります。人間には誰しも承認欲求というものがあり、自分は認められたいという気持ちを持っているからです。ですから、上司は大いに部下に関心を持つべきなのです。逆に、全く関心を持たず、あるいは無視すると、その部下は確実に駄目になります。「落ちこぼれは無視から生まれる」という言葉もあるほどです。

先ほどの方とは別の方ですが、私の元上司がこんなことをおっしゃっていました。「課長が理事官（課長に次ぐポスト）をノイローゼにするのは、それほど難しくない。すべての業務を理事官を飛ばして補佐に下命し、かつ、復命のときも理事官を飛ばして行う。このように理事官を無視してやれば、普通の神経の持ち主であれば半年でおかしくなる。おかしくならないのは、よほどズボラなやつだ」。それぐらい無視は人を落ち込ませるものなのです。

もちろん、人には、他人に触れられたくない部分もあるでしょう。そこに、強引に触れるのは確かに好ましくないと思います。しかし、それ以外の部分に触れることで心を開かせることもできると思います。それをプライバシーという言葉でひとくくりにして、何もしないというのは職務放棄です。プライバシーを口実にせず、部下一人ひとりの個性や能力を把握する努力をしていただきたいと思います。

閉鎖的な組織に

サラブレッドにも欠点がある。外部の血も入れて組織は強くなる

「あの人は刑事警察のサラブレッドだ」などという言い方をよくします。この場合、おそらく、エリートだという意味合いと生え抜きだという意味合いの二つの意味があるのではないかと思います。

サラブレッドという馬種は、そもそも、ありません。中近東から輸入されてきたアラブ種という馬を改良して、つくりあげた馬です。その改良のやり方ですが、これは徹底した近親交配です。速い馬同士を交配して、より速い馬をつくりあげる、これがサラブレッドの思想です。

ですから、サラブレッドに生物学的な定義はありません。それでは、サラブレッドの定義はといいますと、競馬の祖国、イギリスで発行されている「ゼネラル・スタッド・ブック」という本に血統がたどれるかどうかです。

さて、このサラブレッドのつくられ方をみますと、冒頭に申し上げたサラブレッドの意味のうち、生え抜きというのは、まさにそのとおりです。また、エ

リートという意味も速く走るという一点に関しては、そのとおりです。しかし、持久力とか運搬力といった、他の能力については決して優れているとはいえません。むしろ、劣っているといっていいと思います。

組織を考えるとき、このような特定分野の生え抜きのエリートはどうしても必要です。しかし、それだけでは組織は成り立ちません。あるいは、偏ってしまうといった方がいいかもしれません。

速く走れる連中ばかり集まっても、力のある者や持久力のある者などがいなくては卜ータルとしての勝負には勝てないのです。ですから、サラブレッドとともに外部の血の入った人たちも必要です。そして、その人たちによって、サラブレッドたちもよりレベルアップしていくのです。組織の人事を考えるにあたっては、このような点もぜひ考慮に入れていただきたいと思う次第です。

判断ができない管理職に

ナンバー2は判断する、トップは決断する

署長の最大の任務は何かと聞かれたら、「決断すること」と答えたいと思います。副署長研修などで、副署長に対しては、署長になったつもりで判断しなさいと申し上げていますが、それはあくまでも「判断」です。決断できるのはトップしかいないのです。

最近、管理職試験の面接などで、「例えば、あなたが署の課長になったとして、〇〇のような事案が起こったときに、どう対処しますか」と尋ねると、最も多い答えは「上司に報告します」というものです。そこで、「それから」と聞きますと、「上司の指示を

待ちます」と答えます。これも一つの試験のテクニックなのかもしれませんが、実際、組織の中に指示待ちの人が増えている気もします。だからこそ、署長の決断が重要になるのです。特にタイミングを逸しない決断が必要です。「戦場で決断しないことは、間違った決断をするより悪い」という言葉もあります。決断は署長の仕事とあらためてご確認いただきたいと思います。

とはいえ、間違った決断より間違わない決断の方がいいに決まっています。そこで、間違った決断がなぜ起こるのか、その原因を考えてみますと、間違った決断は自己の保身を考えたときに発生することが多いように思えます。保身を考えるのは人の常ですが、そのような雑念を払ったときの方がいい結果につながります。

悩めるリーダーに

部下と知を競うな。自分の能力をわきまえろ

自分が頭がいいか、悪いかを知るというのも、リーダーとしては大切なことだと思います。ここで頭がいいか、悪いかというのは、別に、数学が出来るとか、法律に強いとか、そういう意味ではありません。現状の認識力と判断力のことです。自分のこれらの能力がどのくらいのレベルにあるか、そこをよく自分でわきまえることです。

世の中、大して頭が良くもないのに、一人よがりで頭がいいと思っている人も少なくありません。そんな人が署長になって独断専行すれば、周りが迷惑します。

もっとも、ここでは、端的に頭がいいか、悪いかと言っておりますが、実はそんなに簡単なものではありません。現状認識力は弱いが、判断力はあるという人もいるでしょうし、判断力の中でも、発想力は弱いが、考察力はあるという人もいるでしょう。つまり、ここで申し上げたいのは、署長なんだから、自分が一番頭がいいはずだというような形式論にとらわれず、自分の弱点をしっかりと認めて、その上で判断してほしいということです。

もちろん、皆さん署長になられるような方ですから、全く取りえがない、丸バカという人はいないはずです。弱点、苦手を認めることで、より得意技が生きるはずです。部下を自分の手のひらの上で遊ばせるような度量で活用し、その能力を自分のものとするのが署長の器量というものではないかと思います。

私が入庁したとき、当時の土田國保警視総監にこう言われました。「幹部たる者、部下と知を競うな」。まさにそのとおりで、部下の知は競うものではなく、活用すべきものだと思います。

悩めるリーダーに

公平は実質的な対等、平等は形式的な対等

平成の時代になってから災害は相次ぎ、経済も低迷しています。これについて、元号のせいではないかという声があります。古来、元号の上の字に「平」がつくと、例えば、「平治」のように世の中が乱れるというのです。だから、平の字を使うのであれば、「天平」のように下の字に使うべきだという意見です。その当否はわかりませんが、確かに「公平」は「平

等」よりすぐれた概念です。今の世の中、公平と平等が混同されていますが、この両者は別物です。

私が思うに、公平とは実質的な対等、平等というのは形式的な対等です。わかりやすい例として、アテネ五輪のときの女子マラソンの選考を申し上げます。このとき、マスコミは、選考レースのタイムが劣る高橋尚子を派遣するのは公平ではないと主張しました。結局、この意見に押され、陸連も高橋選手を代表から外したのですが、これは本当に公平でしょうか。

私は、このような場合、公平であるか否かは、アテネで勝てるか否かで決められるべきで、選考レースのタイムのみで比べるのは、形式的な対等、つまり、平等にすぎないと思います。

公平に考えたならば、単に選考レースのタイムだけでなく、潜在能力、さらに、アテネのコースとの相性などを考えるべきです。例えば、アテネのコースはアップダウンが多いのですが、このようなコースは体重の軽い方が有利です。だから、野口みずきが優勝し、世界記録保持者の大柄なラドクリフが棄権したのです。その点をみますと、軽量の高橋にとって有利なコースだったと言えます。

私は、別に高橋のファンではありませんが、このように考えますと、この選考は公平の観点ではなく、平等の観点から行われたと言わざるを得ません。なぜ、そのような判断がなされるのか。それは、平等の観点から行った方がわかりやすいからです。コースの特質とか脚力などをあれこれ述べるよりは、タイム順ですと言った方がわかりやすいからです。

昔と違って、今はいろいろな判断について説明責任が求められます。そこで、説明の簡単な平等に逃げるわけです。これは、警察であっても同様であり、例えば、勤務評定であれば、各係のAの数を同数にするとかします。しかし、本当は、実質で考えて、偏りが出てもいいから、Aにふさわしい者をAにしなければなりません。これが公平なやり方であり、平等に優先します。

もっとも、平等にせざるを得ない場合が二つあります。一つは、誰が真にふさわしいかわからないとき、もう一つは、あまりにも格差が大きくなったときです。

社会のシステムは、公平が平等に優先するというのが基本なのですが、その結果、あまりにも格差が大きくなってしまうと、システムそのものが破綻するおそれが出てきます。そんなときは、平等の思想で調整する必要があります。個人や係間の格差が大きくなりすぎているときには、形式的対等である平等なやり方をとっていただきたいと思います。

悩めるリーダーに

リーダーは愛されても恐れられてもいいが、憎まれてはならない

部下の人格を尊重するということを申し上げたいと思います。

これは、当たり前のことのようですが、現実にはそうでない事例を散見します。署長という一国一城の主になると、どうしても舞い上がってしまう、あるいは力みすぎてしまう人がおられます。気に入らない決裁を相手に投げつけたり、怒りのあまり、書類を雑巾のように絞りあげたり、あるいは、床にこぼれた水をひざまずかせてハンカチで拭かせたり、こういう行為は、いかに怒ったときでも、相手の人格を傷つける行為であり、やってはなりません。こ

ういうことをしますと、いかに優秀な人であっても、後に憎しみを残します。

イタリアの政略家にマキャベリという人がいますが、この人の言葉に「リーダーたる者、愛されてもいいし、恐れられてもいい。しかし、憎まれてはいけない」というものがあります。

中国の古典、「論語」の中にリーダーの心得が幾つかありますが、その一つに事思敬（事には敬を思う）というものがあります。つまらない事だと思っても軽視するなということですが、これは人についても同様であり、こいつ馬鹿だなと思っても、侮ってはいけないということです。また、忿思難（忿《いか》りには難を思う）という言葉もあります。感情に身を任せると災難が起きるぞということです。感情に任せて、部下の人格を傷つけることのないように気を付けるべきだと思います。

悩めるリーダーに

組織は川、人は水。継続性を大切に

後任者の前任者との関係について申し上げたいと思います。この点は、なかなか機微にわたる問題であり、話しづらいのですが、あえて申し上げます。

署長さんの中には、就任されたとたん、前任者の施策を「こんなのはだめだ」と全否定される人も少なからずおられます。しかし、これは良くないと思います。というのは、施策の中身や効果を検証することなく、これを廃止するものと受け取られ、署長のわがままと理解されかねないからです。

もちろん、江戸時代の「生類憐れみの令」のような害悪があまりにも多いものは、一刻でも早くやめるべきでしょうが、そんなものがそれほどあるとは思えません。

自分の思いどおりやりたいという気持ちはわかりますが、徐々に自分のカラーを出していけばいいので、焦ることは全くありません。もう一つ、軽々に方針を変更するのが良くない理由を申し上げますと、それは組織の継続性を阻害するからです。しばしば二大政党制が民主主義の基本であるとわかったようなことを言う学者などがいますが、必ずしも、それが国の発展につながるとは限りません。例えば、アメリカは、戦後二大政党制で大いに発展しましたが、イギリスは衰退の一途をたどりました。この差は一体何かと言いますと、アメリカの民主、共和両党は類似した政策をとっているのに対し、イギリスの保守、労働両党は正反対の施策をとっていたことが挙げられます。

イギリスのような体制でありますと、とてもこわくて投資などできません。投資していた会社が突然、国有化などされると大変ですから。このようにイギリスは短期的にドラスティックな変革をするため、対外的な信用をなくし、衰退したのです。

同様に、警察署でも、署長が替わるごとに、ころころと方針が変わるようでは、対外的にも内部的にも信用を失います。その点を踏まえ、どのように自らのカラーを出していくか、新たな施策を展開させるか、よく考えていただきたいと思います。

警察という組織、あるいは、町やそこに生きる人たち、これらは川であり、いつまでもそこにあります。我々、人事異動で配置される者は、水であり、いずれそこから去ります。そして、その水の最大の任務は何かというと、水の流れをたやさないことです。いかにうまく後任に引き継ぐかを着任当初から考えて、仕事に当たっていただきたいと思います。

ここだけの
説教-5

事態を収めようと安易に謝ってはいけない

平成四年四月には、中国の江沢民総書記が来日しました。総書記は、中国で天安門事件など民主化運動が燃えさかった際、当初は穏健派の趙紫陽国家主席と強硬派の李鵬首相の中間くらいに位置していたのですが、鄧小平ら長老が強硬姿勢であると見てとるや、強硬派に転じた人物です。

当時、日本には、中国から難を逃れてやってきた民主化の活動家が多数おり、彼らは、総書記を非常に嫌っていましたので、この警備も慎重を要しました。

さて、総書記は、NHKホールで講演をし、その後、NHK放送センターを見学することになりました。まず、NHKホールでは、厳重な入場者チェックを行ったのですが、数名の中国人活動家の入場を許してしまいました(ただし、彼らは野次を飛ばしただけで、大きなトラブルには至りませんでした）。

これは、中国側の入場券の配布方法に問題があったためで、警視庁の責任ではないのですが、とはいえ、仮に大事件に発展しておればそうとばかりは言えなかったでしょう。主催者側との意思疎通の重要さを示す事件でした。

ところが、その後、また、違った形で主催者側との連携不足を露呈する事件が起きました。

総書記は、講演の後、ＮＨＫ放送センターに向かい、ニュース報道のフロアを見学したのですが、問題はこの時起こりました。

実は、事前の打ち合わせでセンター内にいるＮＨＫ職員は名札を付けることになっていたのですが、エレベーターに一行が乗りこむ時、一人の男性が名札を付けていなかったため、ＳＰ（警視庁警護員）がこの男性をエレベーターから排除したのです。

しかし、この男性が説明役のＮＨＫ幹部だったのです。彼は、大あわてで階段を降り、スタジオに駆けつけたので大事には至りませんでしたが、ＮＨＫは相当頭に来たらしく、警備終了後、警視総監のところに抗議が寄せられました。

私から総監に事情を報告したところ、「君に任せる」とのことでしたので、私が何度かＮ

ＮＨＫと交渉しましたが、ＮＨＫの言い分は、「名札を付けるというのは一般職員の話でしょう。説明役のような一目瞭然の人物は、当然、対象外のはず」というものです。私は、「原則は原則です」と譲りませんでしたので、主張は平行線になりました。

そうこうするうちに、所轄の代々木署の警備課長が私のところへやってきました。

「確かに、会長や説明役まで含め、すべての人に名札を付けるとまでは了解を取っていませんでした。署の方から謝罪しろというなら、そのようにします」

おそらく、署の方では、本件以外にも何かとＮＨＫとは交渉事があるのでしょう。

あまり、関係がこじれては困るという思いがあったのかもしれません。しかし、私は、「そうかもしれませんが、そういうことを言い出すと識別証の意味がなくなるのではないですか。識別証というのは単純でなければ現場が困るでしょう。それに、そこまで確認しなかったのはこちらだけでなく、相手のミスでもあるはずです。いずれにせよ、謝罪するというのはミスを認めるということです。それでは、第一線のやる気にも影響します。署には何かと迷惑をかけるかもしれませんが、ここは一つ任せてくれませんか」

その後、若干の曲折はありましたが、ＮＨＫも言いたいことを言って説明役幹部の怒りも収まったのか、それ以上問題は拡大しませんでした。

この事案では、確かに名札を付ける範囲を事前に明確にするべきだったのかもしれません。しかし、問題が発生した時に簡単に謝罪し、事態の収拾を図ろうというのは考えものです（もちろん、明らかなミスがあるのに突っ張るというのはもっと悪いですが）。第一線の不安と不信を生むかもしれないからです。

しばしば大人の解決という言い方がなされます。少々のことは目をつぶって頭を下げ、うまく収めるという便法です。

私もそういう便法の効用を一切否定するものではありませんが、そのような劇薬は安易に使うものではないと思います。

【人材育成】

Human Resource Development

自信を失いがちな人々に

「少年よ大志を抱け」に続く中年老年の大志

このたび、皆さん方には、警察大学校警部任用科に入校されることとなり、まことにおめでとうございました。心からお祝いを申し上げます。

皆さん方は、いよいよ、警視庁の要職を担う幹部への第一歩を踏み出すわけです。その意義を十分にかみしめていただきたいと思います。

さて、今は四月で桜の季節ですが、四月は、また、出会いと別れの季節でもあります。今から一〇〇年以上前、北海道の札幌農学校で一つの別れがあり、その席でクラークというアメリカ人教師が生徒たちに与えた言葉が有名な「ボーイズ・ビー・アンビシャス」boys be ambitious つまり「少年よ、大志を抱け」であります。今では、もっぱらこの言葉だけが独り歩きをし、若者を励ます言葉として人口に膾炙《かいしゃ》していますが、実は、この言葉には続きがあります。クラーク先生は、「ボーイズ・ビー・アンビシャス」に続けてこう言ったのです。「ライク・ディス・オールドマン」like this old man すなわち、「この老人のように」です。この老人というのは、言うまでもなく、クラーク先生自身を指しますから、要するに、先生は、「この年老いた私のように大志を抱きなさい」と言ったわけです。

この言葉からもわかるとおり、大志を抱くというのは、別に、若者の特権ではありません。そのつもりがあれば、中年でも、老年でも持つことができます。ここにいらっしゃる皆さんは、おおむね四〇歳前後で、まさに組織の中堅でありますが、志を抱くのに年齢など関係ありません。自分がこれからの組織を支えるのだという、大いなる志を抱き、さらなる研鑽を重ねていただくように切望する次第です。

子供の自主性偏重の風潮に

サンタは「なまはげ」だった。豊かさが優しく変質させた

私の息子がまだ小学生の頃、サンタクロースからクリスマスカードが届きました。どうやら知人が手配してくれたようなのですが、発信先を見ると北欧のフィンランドになっていました。トナカイのそりに乗ってくるイメージからサンタクロースは北欧に住んでいると思われていますが、サンタクロースのモデルとされるセント・ニコラスは今のトルコあたりに住んでいたキリスト教のお坊さんです。

死後、彼は、聖人として崇《あが》められ、特にオランダで信仰を集めますが、それがオランダの植民地であったニューアムステルダム、後のニューヨークに入ってきます。そして、ニューヨークで徐々にイメージが洗練され、現在のサンタクロースが出来上がったというわけです。ちなみに、セント・ニコラスはオランダ語でシンタ・クラースといいます。サンタクロースにそっくりですね。

しかし、このようにサンタクロースのイメージがアメリカナイズされていく過程でセント・ニコラスの性格も大きく変わっていきます。ちなみに、その過程に大きく関与したのがコカ・コーラです。セント・ニコラスは司教であったので赤い僧服を着ていましたが、それがコカ・コーラのシンボルカラーと一致したため、コカ・コーラは戦略的にサンタクロースを利用し、世界に広めたのです。そして、性格

も変えました。

かつてのセント・ニコラスは、守り神であると同時に、悪いことをした者を処罰する鬼のような一面も持っていました。そして、年の変わり目である冬至の頃に現れて、悪い子供を懲らしめるとされていたのです。お気付きのように、秋田県の郷土文化である「なまはげ」みたいな存在でした。ところが、アメリカの物質文明は、なまはげを今のようなものわかりがよくて、ほいほいプレゼントをくれるサンタクロースに変質させてしまったのです。

ここからみると、どうも物質的な豊かさというものは、優しさを強調し、厳しさを排除する傾向にあるようです。そして、それが今の少年問題の背景にもあるように思われます。そうであるならば、少年問題の対策は、いかにして厳しさを取り戻すかを考えるべきでしょうが、現実問題としては、警察が中心となってその役目を果たしていかねばならないでしょう。難しい問題ですが、前向きに取り組んでいただきたいと思います。

子供の自主性偏重の風潮に

七歳の白雪姫が乗り越えた「グレートマザー」の不在

私たちがよく耳にする白雪姫の話は、グリム童話に出ているものですが、この話の中では、白雪姫は七歳にすぎません。

常識で考えて、継母とはいえ、いい大人の女性が七歳の子供と美貌を争うでしょうか。これは、白雪姫のほうが一方的に被害妄想に陥っていたと考えるのが順当なところでしょう。

なぜ、こういうことが起きるのでしょうか。それは、子供が自立心を持ち出すからです。これを反抗期と呼んだり、あるいは、もう少し年齢が上になると思春期と呼んだりするのは、ご承知のとおりです。実は、童話の中には、この時期の心理をテーマにしたものが多くみられます。

例えば、「眠れる森の美女」の王女が百年の眠りからさめて王子と結婚するのは、思春期を終えて大人になったことを表すとされていますし、「ヘンゼルとグレーテル」でグレーテルが魔法使いのおばあさんをかまどに押し込んで殺し、自由を得るのは、母親を克服することにより思春期を卒業したことを表現したものといわれます。

このような母親の存在を心理学では、グレートマザーと呼んでいます。母なるものというような意味です。そして、このグレートマザーを克服して、初めて、子供は大人に脱皮できるのだと思います。

現在、少年問題が大きな社会的関心事になっています。私は、その一つの原因としてグレートマザーがいないこと、あるいは、その存在を罪悪視することがあると思うのです。つまり、戦後の教育は、子供の自主性なるものを強調するあまり、その障害になるものの排除に力を注いできたように思います。

ですから、ちょっと意に染まぬことがあると「むかつく」とか「きれる」という状態になるのでしょう。本当は、そのような障害を乗り越えて、初めて、子供は大人に成長できるのだと思うのです。警察庁のいう「やさしく、かつ、厳しい少年警察」というのは、そのような意味も含んでいると思います。警察は、子供の成長をやさしく見守る頑固親父であるべきだというのが私の考えです。

先入観にとらわれる部下に

花咲爺さんの家の犬は「ポチ」ではない。風説で思い込むな

「枯れ木に花を咲かせましょう」で有名な花咲爺さんの物語で、大きなキーとなっているのは、爺さんの飼い犬です。昔話では、動物が人知を超える存在として登場する例が多くみられます。例えば、聞き耳頭巾などは、いい例ですね。

花咲爺さんでは、爺さんの飼い犬が人知を超える存在となるわけですが、それでは、この犬の名前をご存じでしょうか。今、ポチという声がありましたが、それでよろしいでしょうか。そうですね。

おそらく、ここにおられる皆さん方は、「裏の畑でポチが鳴く」という唱歌で、この犬の名前をポチというふうに思われたのではないでしょうか。しかし、犬にポチという名前を付けるのは、明治以降の風習で、江戸期以前にはみられないものなのです。

この花咲爺さんの唱歌も、当然、明治以降にできたもので、だから、犬の名前もポチとなっているのです。ちなみに、なぜ、明治期に犬の名前にポチを付けるようになったかといいますと、アメリカ人が犬、特にぶち犬の名前にspotty(spot＝ぶち)と命名することが多かったからといわれています。確かに、スポッティという名の小犬を主人公にした有名な絵本がアメリカにはあります。つまり、明治の日本人は、アメリカ人がスポッティと犬を呼ぶのを聞いて、その真似をして、ポチと名付けたというのですね。

馬鹿げたような話ですが、あり得る話です。なお、当時は、カメという命名もはやったようです。これは、アメリカ人が犬にcome(来い)と言うのを名前

と間違えたのです。

それはともかく、それでは、この爺さんの犬の名前は、一体、何でしょうか。実は、名前はないのです。江戸時代の御伽《おとぎ》草子でも、単に「犬コロ」とだけ書かれています。我々が犬の名前をポチと思っていたのは、いわば風説による思い込みだったのですね。このような話は、我々のまわりにはたくさん転がっています。

伝聞や風説をうのみにせず、出典なり現場なりを確認する姿勢が大切だと思います。

「頑張れ！」と言う代わりに

アイデアは思いつきではない。苦しまなければ出てこない

最近、あまり、家庭でミシンをかけているお母さんという光景を見かけなくなりました。テレビドラマでも、そんな場面がないように思います。少し前までは、ミシンは、一家に一台の必需品でしたが、今は、何でも買うか、業者に頼む方が楽だからでしょうか、家庭内におけるミシンの地位は大分低下してしまったようです。ちなみに、ミシンとは、英語のマシン、機械からきています。江戸時代末期、太平洋で遭難して、アメリカ船に救助され、米本土にわたった中浜万次郎、いわゆるジョン万次郎が帰国の際に持ち帰ったのが、ミシンが日本に渡来した最初といいます。まさに、ミシンは、近代文明を象徴するマシンだったのです。

さて、このミシンを発明したのは、アメリカ人のハウという人物です。自動的に運針していく機械を作ろうという発想はよかったのですが、何度試作品を作ってもうまくいきません。そんなある日、彼は、

夢を見ます。その中で、彼は、ロープで縛られ、蛮族の酋長に「早くミシンを作れ」と迫られていました。しかし、夢の中でも、彼は、ミシンを作ることができず、殺されそうになります。槍を持った蛮族たちが襲ってきます。彼がその槍の穂先を見ると、なんと先端に穴があいているではありませんか。そこで、彼は、目を覚まし、「これだ」と思いつき、ミシンを完成させたというのです。

あまりにも、出来すぎた話だとは思いますが、もし、この話が本当だとすると、このようなアイデアが夢で出てきたのは、偶然とかまぐれではなく、本人が必死で考え、あらゆる可能性を模索していたからだと思います。アイデアとは、単なる思いつきではありません。必死に考えた末に出てくるものだと思います。世界のホンダを一代で築き上げた本田宗一郎氏は、いかにもアイデアマンというイメージで語られることが多いのですが、ご本人は、「アイデアというより苦し紛れの知恵だ」とおっしゃっておられました。そういうものではないでしょうか。

「頑張れ！」と言う代わりに 小股が切れ上がった女性の地道な努力

江戸時代の美人の形容に「小股の切れ上がった」というものがあります。しかし、それじゃ、小股とは、一体どこかとなるとはっきりしません。ごくあっさりと、「それは股ですよ」という人がおられますが、今のようにパンツ・ルックが当たり前になっているならともかく、着物の女性の形容としては不適当でしょう。

一方、それは腰だという人もいます。確かに、柳腰という言葉もあるように、腰は美人のポイントの一つだろうとは思いますが、腰を股というのはちょっと無理があるでしょう。

同様に、えり足のことだという人もいますが、これも言葉としては難しいと思います。ここまでくると、なんだか自分の趣味で言っているような気もします。

それでは、どこなんだということになりますが、実は、小股という言葉は存在します。これは、足袋の業界などで使われているのですが、足の親指と人差し指の間のことを指すのです。

そういうつもりで、浮世絵を見てみると、面白いことに気が付きます。それは、足元まで描かれている女性は、足の親指を上に持ち上げている場合が多いのです。いろいろ調べてみますと、親指をこのように持ち上げていますと、足首が締まり、尻や足をすらっとさせる効果をもたらすらしく、江戸時代の女性は、常にこのような努力をしていたようなのです。つまり、「小股の切れ上がった」女性とは、いつも足の親指を持ち上げ、お尻や足のスタイルの向上を図っていた女性、今でいうとシェイプアップに努めるモデルのような女性を指すということになります。

これをいつの世も変わらぬ乙女心などと笑い飛ばしてはいけません。何に限らず、レベルアップというのは、こうした日々の地道な努力からもたらされるものです。我々も、この「小股の切れ上がった」女性から学ぼうではありませんか。

「頑張れ!」と言う代わりに

「99%の努力と1%のセンス」そのセンスを磨く方法

昔、ある警察庁長官が、「仕事というのはセンスなんだ。センスのない人間がいくら努力しても成果は出ない」と言っておられましたが、これは正しい考え方だと思います。

発明王エジソンに「天才とは九九パーセントの努力と一パーセントのインスピレーションだ」という有名な言葉があります。

この言葉は、日本では「努力が重要なのだ」という意味で伝えられていますが、本当は、アメリカなどで受け止められているとおり、「九九パーセントの努力があっても、一パーセントのセンスがなければダメなんだ」という意味で語られたものだといいます。まさに、元長官の言葉と同じ意味であるといえます。

しかし、センスのない人間に、正しいセンスを身に付けろと言っても、これは一朝一夕にできることではなく、そこが難しいところです。ただ、少なくとも、自分のやっていることがバランスがとれているか、ずれていないかということを日々、点検することによって徐々にその向上が図れるのではないかと思います。少し離れた視点で日常的に自らを点検することがセンスを磨く上で重要なのではないでしょうか。

特に、所属長の皆さんは、猪突猛進するだけでなく、一歩下がって自分を見ることが、センスを磨くことにつながっていくと思います。

「頑張れ！」と言う代わりに

「マッポ」は粘りのシンボル、犯罪者に嫌がられる警官になれ

警察官を口汚なくののしる言葉として「マッポ」というのがあります。よく暴走族や不良少年が使いますので、新しい言葉かなと思いますが、そうではなく、古くからあるやくざ用語のようです。

私は、最初、これはポリスマンを逆さにした言葉かなとも思っていたのですが、ものの本によると、これもそうではなく、「待つポリス」からきているそうです。「待つポリス」とは、一体、何でしょうか。警察官がじっと待っているというのは、これは張り込み以外ありません。そして、それが警察官の代名詞になっているというのは、やくざ連中にとって、非常にいやな存在であったからだと思います。つまり、じっと耐えて張り込みをする警察官は、腹に一物ある連中には、何より邪魔な存在だったということです。

一方、ヤバイという言葉があります。最近の若い人には別の用法もあるようですが、本来、危ないという意味であることは、ご存じのとおりです。今では、一般人も使う、当たり前の言葉ですが、これも、もともとはやくざの用語で、「速い」からきているといいます。ハヤイ、ヤハイ、ヤバイと変化したというわけです。なぜ、速いと危ないのでしょうか。実は、これも警察官の動きを指す言葉で、動きの速い警察官は、自分たちにとって危険な存在であるところからきたといわれております。

つまり、やくざのような犯罪者あるいは犯罪者予備軍にとって、最もいやな警察官は、じっと耐えて

待つ警察官と動きの速い警察官ということです。ちなみに、やくざ用語で刃物のことを「ドス」といいますが、これは「おどす」からきています。今、やくざの得物も刃物から銃器へ移りつつあり、こちらの方は、現実と語源がフィットしなくなりつつありますが、犯罪者からいやがられる警察官の基本は変わりません。粘り強く待ち、いったん事があれば、すばやい動きをする。そういう警察官になってほしいと思います。

判断ができない管理職に

鉄人28号のように愚直であっていいはずがない

昭和三〇年代のロボットアニメといえば、鉄腕アトム、エイトマンそして鉄人28号がビッグ3といってよいと思います。ところで、この中で、鉄人28号は、鉄腕アトムやエイトマンと際立った違いがあります。それは、鉄人28号には、自分で考える力がないということです。金田正太郎という少年がまことにちゃちな操縦機を持っており、鉄人は、その指示により動くのです。なぜ、鉄人があんなちゃちな操縦機で複雑な動きをするのか、子供心にも不思議でしたが。ちなみに、この少年は、なかなかの美少年で、一昔前の若者用語でかわいい男の子を正太郎と呼ぶのはここからきていたそうです。また、退社時間の一八時になると、やたら派手になる女性を別人18号と呼ぶサラリーマン用語もありました。鉄人は、現代の俗語にかなりの影響を与えたようです。

それはともかく、鉄人は、この操縦機で動くわけですから、それが悪人に奪われると悪人の指示どおり動くことになります。悪人の味方になるわけです。

私がかつて機動隊長をしていた頃、やたら「愚直」という言葉がはやりました。いわく「愚直に立番しろ」「愚直に警戒をしろ」等々ですが、しかし、私は、この言い方には疑問を持っていました。といいますのは、愚直というのは、何も考えず、言われたとおりにするというニュアンスが強く、必ずしもよい意味ではないからです。

愚直によい意味があるとすれば、「直」の部分で、要するに、真面目に取り組むというところです。しかし、何も考えずに真面目にやるより、思いを巡らしながら真面目にした方が成果が上がるに決まっています。

ですから、私は、隊員には愚直でなく、賢直にやりなさいと言っていました。考えてみれば、一見、単純にみえる仕事でも何も考えずにやればいい仕事などありません。もし、何も考えずに仕事をしているとすれば、それは鉄人28号のようなもので、いつ、悪人に操縦機を奪われ、間違った方向に進むかわかりません。自分の頭で考える、これが仕事の基本と認識していただきたいと思います。

先入観にとらわれる部下に
話は眉につばをつけ、自分の考えをもって聞け

皆さん、この警察学校では、大いに学ぶだけでなく、自分の頭でじっくり考えてください。人の話をうのみにするだけでは、だめです。講師として、部内の人たちだけでなく、部外の人も多く来られることと思います。

例えば、地方自治体の方、マスコミの方、法曹界の方、民間ボランティアの方などいろいろな立場の

人が来られると思います。これらの方々は、それぞれの分野で立派な功績を上げられた方ばかりですので、そのお話しになる内容には、すばらしいものが含まれていると思いますから、ぜひ、参考にしてください。大変勉強になると思います。ただし、何でもかんでも、丸のみしてはだめです。

ちょっと話は変わりますが、招き猫というのがありますね。あれは、世田谷の豪徳寺というところが発祥の地といわれているのですが、最近の土産物屋などで売られている招き猫は少し本物と違うなという感じがします。本物の招き猫は、手というか前足が耳を触っていることが条件なのです。といいますのは、動物が相手を幻惑させる術をかけるときは、前足で耳を触るといわれており、これが招き猫伝説の前提なのです。したがって、可愛らしく、ちょこんと少しだけ手をあげている招き猫は、招き猫といえないのです。一方、このような幻術にだまされないようにするにはどうすればよいかといいますと、古来、眉につばをつけて見ればよいとされています。ここから、怪しげな話をマユツバというようになったわけです。

別に、本校に来られる講師の方々のお話がいい加減というわけでは決してありませんが、それぞれのお話を聞くときには、眉につばをつけながら、自分の考えを持って、聞いてほしいと思います。そして、このことは、部外の方の話を聞くときにだけあてはまるのではありません。部内の先輩の話を聞くときも同様です。礼節を守りつつも、自分の頭で考える姿勢を身に付けることが大切だと思います。

自信を失いがちな人々に

ガリレオが見た傷だらけの月がくれた自信

一六世紀に入り、オランダで望遠鏡が発明され、それを伝え聞いたイタリアのガリレオ・ガリレイは、自分でレンズを組み合わせて望遠鏡を作りました。どうやら、望遠鏡の原理は、古くからわかっていたらしいのですが、自然科学は自分の目や耳で見聞きするものだという古代ギリシャ以来の考え方が根強く、実用化が遅れていたようです。

ガリレオは、望遠鏡で空を見上げてびっくりしました。つるつると思っていた月の表面はでこぼこだらけだし、火星や金星も平坦ではなさそうです。あこがれの対象だった太陽にも黒いしみがあるし、木星の周りには何かが回っています。

ガリレオが、これらをまとめて「星界からの報告」と題し、出版したところ、大ヒットし、ベストセラーとなりました。当時の人々は、カトリック教会から、神の創造は完璧であり、唯一、人間とそれを取り巻く地上界だけがその例外であると教えられてきました。

ところが、太陽も月も星も、実は、完璧でなく、傷だらけであり、かつ、人間の手の届くところにあるとわかったわけですから、人々には、それまでの頭の重しが一気に取れたように思えたのです。これが、この本がベストセラーになった最大の理由です。

皆さんも、初めて警察学校に入ったとき、どんな気持ちがしたでしょうか。周りが皆優秀に見えて、自分だけが取り残されていると感じたことはないですか。

私自身、そんな気持ちに陥ったことが何度かあります。仕事をしていても、こんなことで苦労をしているのは自分の部署だけではないか、ほかのところはあっさりクリアしているのではないかなどと自分の力の無さを不安に思ったこともあります。しかし、本当のところ、皆苦労し、不安感を持ち、悩んでいるのです。中世ヨーロッパの人々は、ガリレオの報告を聞き、人間というものに自信を持ち、そして、近代への扉を開きました。皆さんも、自分に自信を持ち、そして、将来への扉を大きく開いてほしいと思います。

「プロの仕事」を問われたときに

プロのプライド「棋士の薬指」に匹敵するものを持て

将棋のテレビ対局などを見ておりますと、プロ棋士の手つきは、我々アマチュアと違うことがわかります。アマチュアの場合、全国大会に出るような人でも、駒を人差し指と中指ではさんで持ちます。一方、プロの棋士は、人差し指と中指ではさむところは同じですが、薬指をこれに添えます。したがって、一見したところ、三本の指で持っているように見えます。

以前、テレビドラマで将棋が扱われた折り、プロ棋士を演じた舞台俳優が見事にこの手つきをこなしていたので、感心したことがあります。ところが、そのとき、名人の役を演じた落語家の方は、あまりにも、ひどい手つきでした。私も、見かねて、そのの放送局の人に何とかしたらと言いましたところ、そのせいかどうか知りませんが、その後は、この名人の手つきは画面に出てこなくなりました。

実は、この手つき、やってみるとわかるのですが、それほど簡単ではありません。ある若手のプロ棋士に伺いましたところ、プロ棋士の卵である奨励会員の頃は、毎日、学校に行っても、消しゴムで練習していたとのことでした。ちなみに、奨励会員は三段までで、四段以上が正式のプロ棋士です。四段になれるのは、原則、一年に四人と決まっていますから、プロ棋士というのは極めて狭い門です。

さて、別に駒の持ち方がうまくなっても、将棋が強くなるわけではありません。しかし、プロ棋士たちがそれにこだわるのは、自分は厳しい競争を勝ち抜いたプロであるというプライドがあり、その象徴がこの薬指だからでしょう。

皆さん方も、警察官という職業を選んだ以上、当然、この道のプロになったということです。プロというにふさわしい実力を身に付けることはもちろんですが、あわせて、自分はプロであるという高いプライドを持ってほしいと思います。そして、それぞれが、胸の中にプロ棋士の薬指に匹敵する何かを持ってほしいと思うのです。

硬直した組織に

ゴルフボールのディンプルは「組織の中の個性」だ

組織は一枚岩でなければならないとよく言われますが、これは、組織を形づくる個々人が個性を持たず、上司の言いなりになるべきだということではありません。

ゴルフをされる人はよくご存じでしょうが、ゴルフのボールの表面には、ディンプルといわれるへこみがたくさんあります。このへこみは、ボールに浮力を与え、より遠くへ飛ばすためのものです。以前、ディンプルのない、つるつるの表面のゴルフボールを打つという実験をテレビでやっていましたが、確かに、飛距離が大きく落ちていました。

皆が無個性の組織、能面のような表情をした組織、上から言われたことだけをやる組織というのは、この表面がつるつるのボールのようなものです。

組織にとっても、飛躍するためには、ディンプルが必要なのです。そして、このディンプルに当たるのが各個人の個性なり、存在感なのです。それぞれが個性を発揮すれば、一見、不統一ででこぼこに見えるかもしれませんが、結果的に組織を大きく発展させることになります。

ただし、何でもいいからとにかく個性を発揮すればいいというものではありません。ディンプルをよく見てください。皆、内側に向かってへこんでいます。ここが重要なところです。つまり、中央に向かって、求心力の向かう方に個性や工夫が働いてこそ、ボールすなわち組織を浮揚させる効果が出るのです。

組織の力をより一層強いものとするために、リーダーの下に求心力を向けながら、それぞれが個性を発揮していただくようお願いします。

若い人に

雲に乗ってインドに飛ばなかった「西遊記」の過程

「西遊記」という物語は、中国四大奇書の一つであり、日本でも「孫悟空」という名で子供の頃から親しまれています。孫悟空は、「西遊記」の主役である猿の妖怪ですが、数千里をひとっ飛びの技を持っています。そんな彼が、中国からインドまで仏典を取りに行く三蔵法師の護衛の任務を観音様から与えられ、その旅行の冒険談を記したのが「西遊記」です。このことは、皆さん、よくご存じかと思います。

しかし、私が子供の頃、不思議に思っていたのは、孫悟空が雲に乗って数千里を一瞬で飛べるのであれば、三蔵法師を雲に乗せて、一気にインドまで飛べばいいのではないかということでした。

でも、長じて大人用の「西遊記」を読んだとき、その疑問が解消しました。孫悟空の雲には、人間は乗れないことになっているのです。しかし三蔵一行は、インドに到着して仏典を得た後、観音様により、あっという間に中国の長安の都に戻っています。ここで、新たな疑問が生まれます。そうであれば、面倒なことをせず、観音様が長安の都から三蔵をインドまで運べばいいのではないかという疑問です。

しかし、それではいけないのです。というのは、本当に重要なのは、仏典を入手するという結果ではなくて、苦労しながらそれを得るという過程だからです。それだけの苦労をしたからこそ、仏典のありがたさ、意味がわかるというものです。皆さんが署に配置になったとき、おそらく、わからないことばかりでしょう。もっと、先輩が手取り足取り教えてくればいいのにと思うことがあるかもしれません。しかし、それでは、本当に身に付いた知恵、知識にはならないのです。

試行錯誤しながら、自ら考えて結論に至る。この過程こそが重要なのだと考えていただきたいと思います。

若い人に

お粥でもピラフでもなくおにぎりになりなさい

（警察学校）初任科の皆さん。皆さんは、第一線に出たならば、組織に埋没せず、個性を発揮して頑張れというような激励を受けた経験があると思います。しかし、現実の問題として、組織で働いている以上、組織と無縁の存在であることなどできないし、仮にそんなことをすると、まわりが大迷惑します。料理に例えると、米一粒一粒がパラパラになったピラフみたいなもので、たまに食べるのにはいいかもしれませんが、お米の味わいはありません。

それでは、自分の個性をなくすのが組織のためになるかといえば、これもそうとはいえません。例えば、お粥を見ていただきたいと思います。一粒一粒はぐちゃぐちゃで、自己主張のかけらもありません。かといって、全体がまとまっているかといえば、そうではなく、全体もぐちゃぐちゃです。一人ひとりが個性をなくすと、全体としてもまとまりがないものになるのです。

そこで、皆さん方には、自分自身の考え方というものをきっちり持っていただきたい。誰かに言われて、すぐにふらつくようでは、これはお粥と同じ。組織としてもまとまりません。しかし、その持つべき考え方は、組織としてはどうあるべきかをベースとしていただきたい。組織を離れた個々人がピラフのように本来の力を発揮できない以上、これは当然のことです。

さて、もう一度申し上げます。組織としてどうあるべきかをベースとした自分の考え方を持つこと、これが組織に埋没せず、自らの個性を発揮できるポイントです。イメージとしては、一粒一粒ははっきりしているが、全体としてもまとまっている、いわばおにぎりのような、そんな存在を目指して頑張っていただきたいと思います。

「頑張れ！」と言う代わりに

「耐えること」は「情熱」につながる

パッションフルーツという果物がありますが、その語源をご存じでしょうか。南国産の果物であるので、南国のイメージである「情熱（パッション）」という名前を付けたのかと思われるかもしれませんが、そうではありません。

実のところは、パッションフルーツの花はかなり特徴のある形をしていて、五本のおしべが、キリストが十字架にかけられた際に打たれた五本の釘に見立てられるなど、花全体がキリストの「受難」を連想させることから、「受難」を意味する「パッション」を冠したといわれています。

これを知って興味深かったのは、「パッション」には「受難」と「情熱」双方の意味があること、すなわち、両者は同語源であるということであり、改めて、「耐えること」は「情熱」につながるということを認識させられました。

東日本大震災の際は、被災地の支援に多くの部隊を派遣し、部隊員一人ひとりが厳しい勤務に従事しましたが、その厳しさに耐えることにより仕事に対する情熱も一層わいてくるものだと思います。

　自分の経験を振り返ってみても、厳しい勤務をしているときは確かに辛いけれども、それをやり遂げた後、仕事に対する情熱は深まりましたし、その経験があればこそ今の自分があるとも思います。逆に、楽な勤務をしたときは、後に何も残りません。若手職員が厳しい試練に耐えることは、きっと彼らの将来にとってプラスになると思います。

　もし、厳しい勤務にくじけそうな若手職員がいるならば、そのことをよく理解させ、士気を鼓舞してほしいと思います。

若い人に

バレエの一八〇度開脚が苦労なくできる人は大成しない

　東大の航空工学の先生に糸川英夫さんという方がおられました。太平洋戦争のときは、陸軍の名機「隼」の開発に携わり、戦後は、日本最初のロケットを作るなど、学者としても大変優れた業績を残されたのですが、かなりの高齢になられてから、いろいろな分野に手を出されました。一つは、確かチェロだったと思いますが、楽器の演奏です。以前、同好の士を集めて、弦楽四重奏をされていたのをテレビで見たことがありますが、つたないながら一生懸命に取り組んでおられました。

　もう一つは、バレエです。この方は、常々、日本と欧米の著名人を比較して、最も教養レベルに差があるのはバレエだとおっしゃっていました。ある時、先生は、某著名人に「今度、モスクワでバレエを鑑賞します」と話したところ、「先生はロシア語がわかるのですか」と問い返されたと、そのレベルの低さに憤慨しておられました。言うまでもなく、バレエは無言でやるものです。

さて、この先生が、趣味が高じて、ご自身もバレエを始められたのです。初心者が最初に通らねばならぬ関門は、一八〇度の開脚だそうです。若い人でも苦労するのに、高齢の先生にはかなりの大変さだったようですが、このことに関して、先生はこう言われました。「ほとんどの人が苦労してマスターするのですが、まれに、ほとんど苦労せずにマスターできる人がいます。しかし、そういう人は、バレエの世界では大成しないのです」

つまり、苦労して関門を突破してこそ、その先にある高みに達することができるというわけです。このことは、あらゆる分野に共通のことでしょう。

初任科の皆さん、皆さんは、警察学校という最初の関門のところで、それぞれ苦労されていることと思います。あるいは、友人は、簡単に課題をクリアしているのに、なぜ、自分はなかなかクリアできないのかと悩んでいる人がおられるかもしれません。しかし、その苦労が将来の糧になることは間違いありません。そのように考えれば、気持ちにもずいぶんゆとりができるのではないでしょうか。

先入観にとらわれる部下に

「複数対複数」を想定した新選組のように実戦的な訓練を

最近、犯行の凶悪化が顕著になり、持凶器による公務執行妨害事案が増加しています。このような情勢に対処するため、拳銃の使用をもう少し柔軟に考えようとしているところであり、あわせて、拳銃のより実戦的な訓練が検討されているところです。

拳銃に限らず、すべからく訓練というものは実戦的に行われるべきものであります。最近、映画やテレビで新選組がよく取り上げられます。新選組とは、ご承知のとおり、幕末の京都で幕府のために働いた剣客集団でありますが、その剣で多くの勤王の志士を殺害しており、そのため、明治維新が数年遅れたとの意見もあるほどです。

それでは、なぜ、新選組がそれほど強かったのか。それは、新選組の訓練方法に秘訣があったといわれております。

新選組は、江戸にあった天然理心流という流派がその母体になるのですが、ここでは、徹底的に実戦的な訓練が行われていました。例えば、普通の剣道の訓練は一対一で行います。ところが、天然理心流では、しばしば複数対複数で試合を行いました。なぜなら、実戦では、複数対複数で戦う場面がほとんどだからです。

この天然理心流の実戦的訓練方法を、師範であった近藤勇が新選組に持ち込んだのです。ですから、新選組は、闇討ちを得意とし、さらに、一人の相手に複数で向かうように心がけました。その結果、新選組は強いと恐れられるようになったわけです。

警察の術科訓練は、単なるスポーツの練習として行われているのでは、決してありません。犯人の制圧など現場で役立つことを最大の目的としています。ですから、訓練を行うに当たっては、固定観念にとらわれることなく、真に実戦的な訓練を指向するようにお願いしたいと思います。

先入観にとらわれる部下に

Vサインと「テキトーでも生きられる社会」

適当に今どきのスナップ写真を何枚か見ると、すぐに気付くことがあります。そこには、異様な光景が写っています。若い女性のほとんどが（男性だってかなりの数が）同じポーズをとっています。皆、決められたように指を二本突き出し、いわゆるVサインをしているのです。

Vサインの起源については諸説ありますが、第二次世界大戦の折り、イギリスのチャーチル首相らにより反ナチス・ドイツを表すシンボルとして広められたのは間違いありません。しかし、当時、日本は、ドイツと同盟関係にあり、その頃、Vサインが入ってきたとは考えられません。私自身の記憶でも、昭和三〇年代、カメラに向かいVサインをしている人など見たことがありません。

おそらく、日本でこのポーズがはやりだしたのは、一九六〇年代のベトナム反戦運動の中でアメリカの若者たちが「ラブ・アンド・ピース」と言いながら、Vサインをした頃からでしょう。その証拠に、今でもVサインをするとき「ピース」とのたまう人が少なくありません。

もっとも、Vサインには別の系譜もあるようです。

真偽のほどは定かでありませんが、物の本によると、かつて、ヨーロッパでは、妻が不倫をすると夫の頭に角が生えるという言い伝えがあり、Vサインを示すのは「おまえの頭に角が生えているぜ」、翻訳すると「女房の浮気にも気付かぬトンマ野郎」とからかう意味があるといいます。これに加えて、相手に手の甲を見せてVサインをするならば、もろに罵《のの》りのポーズとなります。確かに、アメリカの反政府デモの映像などを見ていると、この裏Vサインをしながら抗議している人々を見かけることがあります。

さて、それでは、現代日本の若い世代のVサインは、何を表すのでしょうか。多分、「連帯」を表すVサインでも、「反抗」を示す裏Vサインでもない、「テキトー」を表す新Vサインなのでしょう。これを精神の弛緩《しかん》だとか没個性だと批判することもできるかもしれませんが、私には、弛緩した精神でも、没個性でもそれなりに生きていける今の社会に感謝しようとしない傲慢《ごうまん》さの方が不愉快です。

仕事を抱え込む管理職に

投手の責任を代打が弱めるセ。パの「全体を任せる人材育成」

プロ野球のセ・パ交流戦では、パ・リーグのチーム優位の傾向が毎年続いています。しかし、交流戦が始まった当初は、この結果を意外とする声が多かったようです。というのは、セ・パ交流戦が始まるまでは、セ・リーグ各球団が「自由獲得枠」制度を使い、多くの有望選手を入団させていたことから、セ・リーグの方がレベルは上であると考えられていたからですが、いざ交流戦が始まってみると全く違う結果になりました。

パ・リーグが優位である要因は、パ・リーグの投手力にあることは衆目の一致するところです。そして、パ・リーグの投手の方がいい理由として、パ・リーグがDH(指名打者)制を採用していることを挙げる声があります。セ・リーグでは、接戦になると、投手の打順で代打が出ることが多く、このことが、セ・リーグの投手の完投能力を落とすとともに、試合に対する責任感を薄くしているのではないかというのです。確かに、パ・リーグの投手は、接戦になると、この試合はすべて自分が引き受けるといった考えで完投を目指し、責任感も旺盛になるという一面があるかもしれません。この考え方が正しいかどうか一概には言えませんが、当たっている部分もあるのではないでしょうか。

若手の育成に当たっても、ある仕事の一部ではなく、全体を任せてみることにより、仕事をやり遂げる能力が身に付くと同時に、仕事に対する責任感も醸成されるという効果を期待できるのではないでしょうか。大きな目で人材を育成していただきたいと思います。

ここだけの説教-6

大統領を守った女性警察官の卵と「適材適所」

平成五年七月、米国のビル・クリントン大統領がサミットに合わせて来日しました。来日の日取りは早く決まったものの、来日後の日程がなかなか判明しませんでした。それまでのブッシュ大統領の時には、正式に日程が決まる前にSS（シークレットサービス、米国大統領の警護機関）から非公式に連絡があったのです。政権が共和党から民主党に交代したことも影響してか、SSも情報を取るのに苦労しているようでした。

来日後、早稲田大学で講演をするという日程の連絡が来ました。

そういうこともあり得るかなとは思っていましたが、「困ったな」というのが正直なところです。

サミットのような大量の部隊を必要とする警備においては、警備の範囲をできるだけコンパクトにするというのが基本です。

この警備の時も永田町、霞が関、赤坂あたりと羽田を中心とする地域に警備を集約する方向で臨んでいました。早稲田大学はここから外れます。

大学というのは過激派の巣窟で、警察が最もチェックしづらいところです。しかし、愚痴を言っても始まりません。大学当局と打ち合わせを重ね、警備計画を作ります。

また、米国側から連絡が入ります。

「講演後、商店街の入口にある旗屋に立ち寄り、早稲田大学のペナントを買う」

「あれれ」と思いました。そこで、連絡をしてきたSSの担当者に確認します。

「本当にそこまででしょうね。まさか、商店街を歩くとは言わないでしょうね」

「本当にそこまでです。我々もそう確認しています」

危惧はあたります。数日後、夫人とともに商店街を歩くという日程が入ってきました。

申し訳なさそうなSSに言います。

「話が違うじゃないですか。商店街は歩かないはずじゃなかったのですか」

「そう言われても困ります。決めるのは我々じゃなく、大統領です」

商店街に大量の制服部隊を派遣し、人の流れを制御することはできますが、それでは、商店街を行き交う人たちと触れ合ってパフォーマンスをしたい大統領は納得しないでしょう。自然な形で通行人にまぎれる私服部隊が必要です。

それには、女性警察官が最もいいのですが、羽田空港、迎賓館、各首脳のホテルなどに配置済みです。残っているのは音楽隊で旗などを使って演技をするカラーガードくらいです。

どうしたものかと考えながら、会議に出ましたら、たまたま警察学校長と顔を合わせました。聞いてみました。

「今、警察学校にはほとんど人がいない状態ですか」

「そうなんですよ。つい先日入校したばかりの女性警察官の卵が三〇人ほどいるだけです」

はっとひらめきました。

「学校長さん、その三〇人を貸してもらえませんか」

「えっ、無理ですよ。全く素人同然の連中ですよ」

「だから、いいんです」

そんなやりとりをして、その三〇人を借り受け、カラーガードと一緒に大統領夫妻の直近にばらまきました。

生の大統領夫妻に接した女性警察官の卵たちは興奮し、ワーワーキャーキャー。大統領夫妻も、通りすがりの女子大生と思ったのか、皆と握手し、無事、この一大イベントは終了しました。カラーガードのベテラン（というほどではありませんが）の女性警察官たちは、この騒ぎをやや引き気味に見ていたそうです。

後日、警察学校長が苦笑いしながら、その時の女性警察官の感想文を見せてくれましたが、そこには、「感動した」「興奮した」「うれしかった」などの文言が並んでいました。

私は、彼女たちが大統領夫妻を取り巻く一種のバリアーになってくれればと思っただけです。それが望外の結果を生みました。

どんな職種にあっても、まさにプロという人もいれば、まだまだこれから、素人同然という人もいます。これは仕方のないことです。

だとすれば、その人その人の適性にあった配置を考えてやることも上司の仕事でしょう。ときには、素人同然の方がベテランより役に立つこともあるのですから。

【業務改善】

Business Process Improvement

精神論の行きすぎに

「肉体を痛めつければ成果」は原始宗教だ

仏教の開祖は、いうまでもなく、釈迦ですが、そう簡単に悟りを開いたわけではありません。

もともと、釈迦は王族なのですが、俗世をはかなんで出家します。もちろん、今、我々が知るような仏教はなかったのですが、その前段階の原始宗教は存在しました。釈迦は、その中に入り、当時、出家僧としては当然の義務であった断食をするのです。その頃の宗教の考え方は、肉体を徹底的に痛めつけることで精神を浄化するという苦行絶対主義ですから、断食もその一環として行われたのです。

しかし、この断食は、そんな生やさしいものではありません。しばしば死者が出るほど厳しいものです。釈迦も、一時、人事不省の状態に陥ります。そのとき、これを見かねた村娘が一杯のミルク粥を差し出します。そして、これを飲んで、釈迦は生き返るのです。この村娘の名前をスジャータといいます。たしか、コーヒークリームにスジャータという商品がありますが、おそらく、この故事にならったものでしょう。

さて、よみがえった釈迦は考えます。死ぬ思いまでして肉体を痛めつけたが、得られたものは一体何であったか。結局、ここまで辛い思いをしたのだから、精神が浄化されたに違いない、という自己満足だけではないのか。そこで、釈迦は、このようなやり方に別れを告げ、思索を重ね、仏教という考え方にいきつくのです。

ところで、今の私たちの社会や生活の中にも、この原始宗教的なものが残存しているように思います。つまり、休暇もとらずに残業し、ひたすら肉体を痛めつけると業績が上がるというような感覚です。しかし、これは一種の迷信です。いうまでもなく、必要なときには昼夜兼行で頑張ってもらわねばなりませんが、休めるときには遠慮せずに休暇を消化してもらいたいと思います。

活発な議論がない会議に

コンコルドの悲劇に学ぶ「やめる勇気」

平成五年、東京で三回目のサミットが開催されたとき、私は、警視庁の警備一課長として、その警備を担当しました。開催前日には、各国首脳が続々と専用機で来日しましたが、その中でひときわ目を引いたのがフランス大統領を乗せたコンコルドでした。

コンコルドは、ご承知のとおり、イギリスとフランスが共同で開発したマッハ2以上のスピードが出る超音速旅客機ですが、騒音とコストの高さで評判が悪く、結局、サミットのようなパフォーマンスは別として、あまり利用されることもなく、消えていきました。

ところで、実は、コンコルドの採算が悪く、商業ベースに乗らないのではないかということは、開発段階で指摘があり、多くの人が気付いていました。にもかかわらず、その後も開発と投資が続けられたのはなぜでしょうか。それは、途中で計画を中止すると、それまでに投下された資本と労力が無駄になってしまうのが怖かったからです。そして、採算に合わないことをあえて見ぬふりをして、開発とさらなる投資が続けられたのです。その結果、莫大《ばくだい》な赤字だけが残ったというわけです。

似たような話は、我々の身近にもあります。例えば、少し前のことですが、政府系の機関が年金などを原資にして、各地に保養施設をつくったものの、全く採算が合わず、毎年、赤字をたれ流しているということが報道されていました。おそらく、このような報道以前に、多くの人が今後営業を続けても赤字を増やすだけだと気付いていたと思います。しかし、それまでの投資を考えると、誰も廃止を決断できなかったのでしょう。

我々は、仕事をしていくとき、いい結果を出そうといろいろな準備をしたり、作業をしたりします。しかし、その途中で、これはまずいかな、もっといいやり方があるなと気付くときがあります。

そんなとき、なかなか、それまでの労力や周囲の目を気にして、路線変更をしにくいものですが、トータルに考えて、思いきった決断をすることも必要でしょう。

硬直した組織に
痛みのない改革に安住すると痛い目に遭う

先日、新聞のスポーツ面を見ておりましたら、プロ野球の打者の「縦の変化球の方が、横の変化球よりも体の動きが難しい」という話が出ており、なるほど、そうだろうなと思いました。

例えば、カーブのような縦に変化する球、特にかつてドロップといわれた大きく割れる変化球に対しては、打者は、少し、体勢を変えないと打つことができないでしょう。一方、スライダーのような横に変化する球は、直球と同じ体勢でもバットコントロールをうまくすれば対応できる感じがします。

ところで、このことは、我々の生活の中でも実感することがあります。例えば、ローンというシステムがあります。高価な買い物を一度に現金払いすると、手持ちの金がぐーんと減ります。まさに縦の変化です。それに対応するためには、生活レベルという体勢を変えなければなりません。そこで、生活レベルをあまり変化させずに対応しようとするシステムがローンです。ローンでは、財産減を将来に割り振る、つまり、横の変化に変えるわけです。

同様のことは、行政施策においてもあり、何かの改革をやろうというとき、単年度で行うか、複数年度で行うかという問題に直面します。単年度という縦の変化か、複数年度という横の変化かというわけです。そして、大きな改革の場合、複数年度という選択がなされるのが一般的です。なぜなら、体勢の変化という痛みを生じさせずにすむからです。しかし、だからといって、横の変化の方がいいわけではありません。痛みを伴わない分、変化に鈍感になり、小手先ですませようと考えがちだからです。

そもそも、カーブとスライダーを比べた場合、体勢の取り方はともかくとして、スライダーの方がヒットにしやすいという話はありません。痛みのない変革に安住していると、改革の方向そのものを見失い、本当に痛い目に遭ってしまいます。

硬直した組織に
ロンドンの少年煙突掃除問題と守旧派の理屈

昔、ジュリー・アンドリュース主演のミュージカル映画「メリー・ポピンズ」が大ヒットしました。この映画の舞台はロンドンなのですが、劇中でロンドン名物の煙突掃除屋たちが集団で歌を歌い、ダンスをするシーンがあります。とても楽しそうで、歌もそれなりにヒットしたのですが、実際は、煙突掃除というのは、深夜から早朝にかけて、屋外で肉体労働をする極めて厳しい仕事です。また、一九世紀までは、煙突の中には大人が入れないため、小柄な少年が入って清掃していました。

この少年たちの多くは、人身売買された者、誘拐された者、身寄りのない者などですが、労働環境が悪いだけでなく、危険な仕事でもあり、事故も少なくありませんでした。さすがに、当局も見かねて、何度も少年を使うのをやめるように指導するのですが、煙突掃除の親方たちは、決まって「そう言われても、少年がいなければ煙突の内側が掃除できないんだから仕方ないですよ」と答えました。しかし、それでも、これはひどすぎるという世論が徐々に高まり、ついに、煙突掃除に少年を使うことは禁止されます。

さて、それでは、これ以降、煙突の内側は掃除できなくなったでしょうか。決して、そうではありませんでした。親方たちは、長い棒の先に刷毛の付いた器具を開発し、何の支障もなく、掃除を行ったのです。要するに、少年の方が長い棒を作るより安上がりだから使っていたわけで、何ともひどい話です。

さて、いつの世でも、何かを改めようとすると、必ず、理屈を付けて、「それは無理です」と言う既存利益擁護派が出てきます。しかし、やってみると、意外に簡単にできるものです。独断専行はよくないですが、周辺事情にとらわれすぎて、正論を曲げては、後に悔いを残す結果となります。

硬直した組織に

「コンパクトな組織」は米海兵隊に学べ

沖縄の米軍基地はしばしば大きな議論を呼びますが、ここにいる米軍の多くは海兵隊です。また、陸、海、空の三軍とは別に海兵隊がおかれているのはアメリカ独自の軍制というべきものです。

それでは、海兵隊が何をするかといいますと、歴史的に変遷があります。海軍ができたばかりの頃は、兵隊の中にはならず者のような連中も多くいました。そこで、こうした連中を取り締まり、あわせて、艦長を警護する部隊が作られました。これが海兵隊の起こりです。

ですから、江戸時代にペリーと共に上陸したのは海兵隊員でした。その後、海兵隊は、海軍の陸戦隊のような任務を受け持ち、さらに、水陸両用部隊となります。具体的には、最初に上陸して、橋頭堡《きょうとうほ》を築く部隊です。したがって、第二次大戦のとき、硫黄島や太平洋の島々で日本軍と最前線で激突したのは海兵隊なのです。ところが、今や、そんな戦い方をする時代ではなくなりました。そこで、海兵隊は変質し、有事のための即応部隊となりました。なぜかといいますと、陸海空すべての要素がコンパクトに詰まっているからです。

今、組織は、どんどん専門分化しています。軍隊でいえば、陸、海、空ということですし、会社でいえば、販売、製造、研究などですが、平時であれば、この分化したシステムでうまく機能します。しかし、緊急の場合、これでは、必ずしもうまくいきません。各種の要素がコンパクトに詰まった統合組織で一時的対応をとる必要があります。

海兵隊は、まさにそれなのです。そして、警察署に期待されているのは、この海兵隊のような役割なのです。普段は、本部各課の指示どおり、それぞれの係が分化していていいのですが、いったん、何かあれば、署が一つの統合組織として、いわばタスクフォースとして即応してほしいと思います。

硬直した組織に

北極星も動く、時代の流れに合わせよう

サッポロビールのラベルには、星のマークが付いておりますが、これは、明治時代の北海道開拓使の旗にこのマークが付いていたことにちなんでいます。この星は北極星であり、常に真北に輝く、この星を目指して突き進んだ、当時の人々の心意気がしのばれます。おそらく、サッポロビールもそのあたりのことを考慮したのでしょう。

さて、北極星は、今も申し上げたとおり、いつも北の空に不動の位置を占め、他の星たちがそのまわりを回っています。古代の中国の人たちは、この姿を見て、北極星を宇宙の中心と考えました。そして、北極星を神格化した神を天皇玉帝と名付け、宇宙の最高神としたのです。わが国の天皇という言葉は、ここに由来します。

今の憲法は、天皇を日本国民の統合の象徴と規定していますが、常に不動の位置に在天し、全国民から仰ぎみられる存在である北極星は、まさにこの規定にふさわしいもので、この点からも天皇という称号はすばらしいと思います。また、古来、「天子は南面する」という言葉があります。これは、君主は南に向かってすわるということです。北極星は、いつも南を向いていますから、こちらの意味でもふさわ

しい称号でしょう。

ところで、今、北極星は不動であると申し上げました。しかし、実は天文学の専門家によりますと、必ずしも、そうではないそうです。つまり、時の流れに合わせて、少しずつ動いているらしいのです。

そして、これは、ひとり天体のことだけではありません。我が天皇家も時代の流れに合わせて、少しずつ、国民との関係を変えておられるのです。したがって、私ども警察も、そのようなご意向に沿う警衛(両陛下や皇族方をお守りする警備)・警備をしていかねばなりません。今回の警衛では、私服を大幅に導入するなど、従来の警衛の手法を大きく変えております。それは、ただ今、申し上げたような趣旨であります。この点を踏まえて、時代の変化に合わせた警衛が達成できますよう、ご努力をお願いいたします。

硬直した組織に
太陽暦移行がブーイングで遅れていたら

明智光秀が織田信長を討った本能寺の変は、陰暦の天正一〇(一五八二)年六月一日の深夜から二日の未明にかけての出来事ですが、このときが闇夜であったか月明かりがあったか、おわかりでしょうか。

これは、決して難しい質問ではありません。昔の人であれば、即「闇夜であった」と答えられます。陰暦(太陰暦)は、月の満ち欠けを基本とする暦です。つまり、新月の状態の日を一日とし、満月の日を一五日とするわけです。一日を「ついたち」というのも「月立」が語源で、要するに新月のことです。新月のときは、月は全く見えませんから、六月一日も闇夜ということになります。こんなことは、当時の人であれば、考えるまでもなく、皮膚感覚でわかります。そして、この闇夜の日に謀反を起こした光秀の思考も何となく透けて見えたのではないでしょうか。

その陰暦が太陽の運行を基本とする太陽暦に移行したのは、明治五年のことです。明治五年一二月三日を明治六年一月一日としたのですが、このとき、国民の間では、大変なブーイングが起きました。

大体、年末の行事というのは、日付で決まっています。例えば、春日大社の祭りは一二月一五日であるとか、西本願寺のすす払いは一二月二〇日というふうにです。ところが、この年は、これらの日がなくなったわけですから、何百年も続いた伝統行事の多くが吹っ飛んでしまったのです。これには、大変な反発が起きました。しかし、それは、実は、大した痛みではなかったのです。本当の痛みは、人々の皮膚感覚が通じなくなったことです。毎月一日は闇夜であるとか、五月は梅雨であるとか（五月雨という言葉はここから出ています）、そういう感覚が通じなくなってしまったのです。

しかし、それでは、太陽暦に移行しない方がよかったのでしょうか。決して、そうではありません。太陽暦は、陰暦に比べ、はるかに正確な暦です。もし、ブーイングに屈して、移行が遅れたら、それだけ文明開化も遅れたでしょう。

改革には、痛みはつきものです。多少のブーイングは仕方ないと割りきるのも管理者の仕事だと思います。

判断ができない管理職に

肖像画をシルエットにした経費削減の愚

輪郭がはっきりしている、人物などの影絵のことをシルエットといいますが、その由来について申し上げたいと思います。

フランスはルイ一五世の頃といいますから、一八世紀前半あたりになりますが、その頃、フランスの国家財政が極めて逼迫《ひっぱく》しておりました。理由は、様々あります。相次ぐ戦争や前王ルイ一四世からの浪費などです。その結果として、次のルイ一六世のときにフランス革命が起こるわけですが、それは別としまして、ルイ一五世に任命された大蔵大臣は、これはなんとかしなければと考えました。

そこで、思いついたのが、貴族たちの肖像画です。当時、貴族たちは、自分の肖像を描いてもらう特権を持っていました。大蔵大臣は、これを廃止して、その制作費を浮かそうと考えたのです。しかし、いきなり全廃というわけにもいきません。考えついたのが人物の輪郭だけを描かそうというものでした。

しかし、このアイデアは、貴族たちから猛反発を受けます。誰でも既得権を侵されるときは、そんなものです。その結果、この大蔵大臣は失脚し、改革案は取りやめとなりました。

さて、この改革案は、どう評価されるべきでしょうか。後世の評価は、おおむね否定的です。なぜなら、あまりに小手先の改革だからです。千万円も借金があるのに、千円をケチろうというのでは話になりません。それよりも、そんな些細なことで貴族のプライドを傷つけず、貴族を味方にして、王室費圧縮などの抜本的な改革をとるべきであったというのです。要は、戦略的に考えていないということなのです。

損して得とれという言葉もあります。人事にしても予算にしても、目先にとらわれない戦略的視点で発想してほしいと思います。ちなみに、この大蔵大臣の名前をシルエットといいます。政策では名を残さず、思わぬところで名を残したわけですが、あまり、うれしくはないでしょう。

精神論の行きすぎに

「どんぶりに指！」根絶法に学ぶハード面の解決

一昔前まで、態度の悪い店員の代名詞として、指をラーメンのスープの中に入れて持ってくるラーメン屋の店員というのがありました。私も経験がありますが、とても不潔な感じがして、いやなものです。今では、そういう光景をほとんど見かけません。これは、なぜでしょうか。もちろん、以前と比べ、衛生観念が発達したこともあるのでしょうが、最大の原因は、どんぶりの構造が変わったことにあります。

つまり、最近のラーメンどんぶりは、一番上の部分が外に反った形になっており、当たり前に持っても、指が中に入らないようになっているのです。

ただ今、男性看守による女性の被留置者に対する不適正事案にどう対処するかということが議論になりました。いうまでもなく、看守勤務員に倫理教育をすることは必要だし、大切なことです。

ただ、管理者としては、それだけでなく、システムとして、そのようなことが起こらないようにすることを考えるべきです。先ほどのラーメンどんぶりのように、単に衛生教育をするだけでなく、構造として、そのような事態が発生しないようにする改革をすべきです。それには、女性専用留置場を作り、女性が看守をするのが一番いいのです。それが無理であれば、女性集中留置場を設け、複数の女性の被留置者を入れることが望ましいわけです。

かつて、制服警察官がズボンのポケットに手を入れるのが好ましくないという話になったとき、私は、そもそも、ポケットに手が入れやすくなっているようなズボンの構造に問題があるので、その点を改めるべきだと申し上げたことがあります。ところが、その後、制服が新しくなっても、この点は十分考慮されているとはいえません。

すべてを構造論と申しますか、ハード面に委ねる考え方をとるつもりはありませんが、すべてを精神論で解決しようというのもいかがかと思います。

緩みがちな組織に

廃物利用とムダゼロはたこ焼きに学べ

皆さん、たこ焼きはお好きでしょうか。不思議なことに、私はたこ焼きが嫌いだという人にあまり会ったことがありません。それほど日本人の味覚にマッチした食べ物ということなのでしょう。もっとも、石原慎太郎さんには「私は大嫌いだ」と言われてしまいましたが。

ところで、たこ焼きの発祥の地はどこだかわかりますか。多くの人がこれを大阪と思っておられるようですが、実は違います。本当は、兵庫県の明石なのです。明治時代の初期、明石では、卵の白身を固めて子供の玩具のようなものを作っておりました。

そういたしますと、当然、黄身の方が余ります。これを捨ててしまうのはもったいない、ということになり、これを焼いて、だし汁で食べるとなかなかうまい。これがたこ焼きの原形です。ですから、今でも、明石では、たこ焼きのことを卵焼きといいます。しかし、その後、外国からセルロイドが入ってきたため、白身で作った玩具が売れなくなります。

すると、必然的に余剰の黄身が少なくなりますね。そこで、少しでも黄身の量を減らそうと、明石の海で大量にとれるタコのきれはしを加えたのです。そして、さらに価格を下げるために、卵をメリケン粉にしたのが、今、一般的に食べられている大阪風のたこ焼きです。

今申し上げたところからもわかるとおり、たこ焼きとは、結局、廃物利用あるいは余剰品利用の産物なのです。

我々が仕事をするとき、ああいう資機材があればいいとか、こういう装備があればよいとか言いがちです。しかし、それでは、従前の装備資機材を十分に活かしきっているかというとはなはだ疑問です。これは、本県の話ではありませんが、数百万円もする高価な双眼鏡が一度も使われず、倉庫のこやしになっていたり、他の部門が持っている物を別の部局が予算要求したりするなど無駄が散見されます。

このたびの機動装備隊の発足は、このような無駄をなくし、持っている物は最大限活かそうということです。明石や大阪の商人に負けないような根性で頑張っていただきたいと思います。

硬直した組織に

旧暦、新暦ギャップに学ぶ「実態に合わない物まね」

日本において旧暦を新暦に改めたのは明治五年のことで、この年の一二月三日が明治六年一月一日になりました。役人たちからは、この一二月分の給料がもらえず、不満の声が出たらしいのですが、思い切って決行されました。

なお、あまり知られていませんが、明治六年は旧暦では閏月のある年でした。閏月とは、太陰暦と太陽の運行とのずれを調整するために余分に置かれる月のことで、この月があると一年は一三月になります。明治六年は、この閏月のある年に当たり、役人は年に一三回給料をもらえるはずだったのですが、改暦でそれもなくなってしまいました。

さて、改暦で問題になったのは、旧暦で行われていた行事をどのようにするかということでした。これについては、三つのやり方がありました。

一つは、旧暦を新暦に換算し直して行う方法です。例えば、中秋の名月がそうです。旧暦の八月一五日は必ず満月でしたが、新暦の八月一五日は満月と限りません。そこで、換算して、毎年違う日に設定されます。

次に、両暦の違いはおおむね一月と踏んで、旧暦に一月プラスして行うものがあります。東大寺二月堂のお水取りは、旧暦では二月に行われていましたが、一月プラスして三月に行うことになりました。三月に行われるのに二月堂というはそのせいです。

しかし、ほとんどの行事は、旧暦の日付そのままで新暦に移行しました。そのため、真冬の一月一日を新春といったり、桃がまだ咲いていない三月三日を桃の節供といったり、実態に合わないことだらけになってしまったのです。

今、警察の施策も全国規模になり、当県でも、他県のやり方を視察にいくことが多くなっていますが、ただ単に他県の施策を持ち帰るだけでは、旧暦と同じ日付で行われている新暦の行事のようなもので、実態に合わなくなるおそれが強いと思います。

他県に学ぶべきところをいかに抽出して、当県に根付かせるか。そこが皆さんの知恵の見せどころです。

ここだけの説教-7

オバマ「謁見」に通訳入室を拒否した石頭の大切さ

オバマ大統領の初来日は、平成二一年一一月ですが、この時、私は警察庁の警備局長でした。大統領が来日する際は、まず、米国のSS（シークレットサービス）が先遣としてやってきて、警察庁の警護室や警視庁の警護課と打ち合わせをするのですが、なかなか協議がまとまりませんでした。そもそも警護というのは、（訪問先である）主権国の意向が優先されるべきものですが、米国だけはこの世界の常識が通用しません。非常に自己主張が強く、各国が手を焼く相手なのです。とはいえ、それでも、いつもならある程度で妥協が成立するのですが、この時はSS側に日本の事情を知らない者が多くいたことなどから、デッドロックに直面しました。

その時、米国大使館から公使が私を訪ねてやってまいりました。現場同士の話し合いではらちが明かないから、少し大局的に相談したいということでしょう。私も全く異存なく、「メンツや先例にこだわらず、実務本位に解決しよう」と提案したところ、公使も賛成し、比較的短時間で合意できました。

さて、その後、オバマ大統領が日本に滞在している最中、警察庁の警備対策室にいた私のところに米国大使館から電話がかかってきました。「大統領があなたにお礼を言うから、すぐにホテルに来てくれ」というのです。このようなことはよくあります。しかし、ほとんどの場合、担当の警護員、警視庁の警護課長、警察署長などが対象で、警察庁から呼ばれるとしても警護室長くらいです。デスクにいる幹部に声がかかるのは、あまり聞いたことがありません。それだけ、あの公使との打ち合わせを評価してくれたのかなと思いつつ、一応念のため、通訳を連れて、ホテルに向かいました。

いよいよ大統領との謁見(?)の部屋に入ろうとすると、部屋の前に制服を着た大柄な白人女性がおり、問いかけてきます。

「あなたの名前は?」

「池田です」

「オーケー。そちらの人は?」

「＊＊です」

「ノー。その名前はリストにありません。部屋には入れません」

「しかし、彼は通訳です。私の随行として入れてください」

「リストにない人は入れられません。だめなものはだめです」

近くにいた顔見知りの大使館員に助けを求めましたが、彼も「どうしようもない」と首を振るばかり。仕方なく、一人で部屋に入る羽目になりました。

その時、以前、警視庁のSP（要人警護員）に聞いたあるエピソードを思い出しました。

それは、A通産大臣が渡米した時のことです。ホワイトハウスを訪問する予定だったのですが、たまたまアメリカに滞在していた旧知のB代議士（閣僚経験者）がその日程を聞きつけ、自分も大臣車に同乗し、ホワイトハウスに行くと言い出したのです。かの有名なホワイトハウスで写真を撮り、選挙区で配るつもりだったのかもしれません。予約してなくても軽く顔パスでというつもりだったのでしょうが、アメリカではそれは通用しません。入口でとがめられ、それでも抵抗したB代議士は、強引に大臣車から引きずり出されたそうです。

日本人は、臨機応変という言葉が好きですし、必要なことでしょう。しかし、ときには杓子定規というものが大切なこともあります。特に、警備などは一律にやることに意味があるのです。

最近こそあまりやりませんが、以前は、しばしば国会周辺で夜間検問を行いました。すると、翌日、警視庁や警察庁に苦情の電話が頻繁にかかってきました。その多くは、「国会議員をなぜ検問するのだ」というものです。現場で検問に当たっている警察官はもっと大変です。中には、国会議員の家族から、「お前なんか、お父さんに言いつけてとばしてやる」と罵倒された警察官もいます。

「もっと柔軟にやれば」。日本人はそう言いがちです。しかし、それは結構危険なことなのです。一律にやることの大切さをいま一度ご認識いただきたいと思います。

【広報戦略】

Public Relations Strategy

受けるコピーは、一に決めつけ二に意外性

少し前のことですが、警察庁長官をなさっていた方が「女性の発明した台所用品はない」というフレーズを会議などでよく使っておられました。そして、現場で目の前の事案処理に追われている人間には、なかなか改革という発想は出てこないというふうに論理をもっていかれたわけです。

しかし、関係者の方に伺いますと、女性の発明した台所用品、あるいは、女性の提案で開発された台所用品は、かなり存在するとのことです。つまり、その長官の言われていた話は、必ずしも正確ではないのです。しかし、だからといって、この話を一種のコピーとしてとらえた場合、出来の悪い作品とはならないと思います。

長官は、別に、台所用品の解説をしているわけではないのであり、現場における改革の難しさとそれに取り組むことの重要性を言いたかったわけです。そして、聞いている者の心をとらえ、そちらに関心を向けさせるという点では、優れたコピーではなかったかと思います。

歴史上有名なコピーとして、「酒は百薬の長」というのがあります。これは、今から二〇〇〇年ぐらい前、中国で新という国を建てた王莽《おうもう》という人物が作ったコピーです。彼は、国家財政を再建するため、酒を国の専売制にしたのですが、その際、酒をもっと売ろうともくろみ、このコピーを思いついたのです。別に、酒にすべての薬をしのぐ薬効があるとはいえませんし、飲みすぎると体をこわすもとですか

ら、これも正しい文言ではないと思いますが、いまだに酒類の売り上げ向上に貢献しています。

「土用の丑の日にはうなぎを食べよう」というのは、江戸時代に平賀源内という才人が考えたコピーですが、これも何の根拠もありません。逆に、この時期のうなぎは、脂の乗りが悪く、まずいとされています。こうしてみると、受けるコピーというのは、一に決めつけ、二に意外性ということができると思います。

もちろん、皆さん方にしてみれば、公務員だから、警察だから、なかなか型破りのことはできないという思いはあろうと思います。しかし、そのような一定の制約の中でも、堅苦しく考えず、発想を飛躍させることによって、思わず目を引くようなコピーができると思います。

閉鎖的な組織に

勝負に勝って報道で負ける

豊臣秀吉と徳川家康とが戦った合戦としては、小牧・長久手の戦いというものがあります。織田信長亡き後の覇権をめぐっての争いなのですが、合戦そのものは徳川家康の勝ちとされています。しかしながら、これらの戦いを総体としてみた場合には、豊臣秀吉の勝ちとされています。これは、どういうことでしょうか。それは、合戦の後、秀吉が外交術を駆使して、周辺をすべて自らの支配下に入れてしまったからです。

戦争とは、基本的に、自らの勢力拡大のために行うものです。現に、戦争とは、外交の一形態にすぎないと断言する学者もいるほどです。ですから、結果的に、秀吉の方が勢力を拡大した以上、秀吉の勝ちとなるのは当然ということになります。

さて、一九九〇年のイラクによるクウェート侵攻から始まった湾岸戦争で一躍有名になった人物に、米軍参謀総長のコリン・パウエルがいます。彼は、このときの国民的人気によって国務長官にまでなりました。この人は、湾岸戦争に関連して、次のような言葉を残しています。

「マスコミの報道を正しい方向に向けなければ、戦場で勝っても、戦争で負けたことになる」

これは、先ほどの小牧・長久手の戦いの結果をより現代的に言い表したものです。つまり、戦場の勝敗といいますのは、事実関係ですから、比較的単純に決まりますが、戦争の勝敗というのは、その後の勢力関係、現代的にいうならば、その国の評価がどうなったかということですから、簡単には、決められません。そして、マスコミの報道いかんによっては、せっかく、バトルには勝っても、その国の威信が問われることにもなりかねないのです。これでは、戦争に負けたも同然です。

これは、警察の業務についても同様です。特に、治安警備は、そのことがいえると思います。個々の警備現場がうまくいっても、報道の仕方によっては、過剰警備とか住民無視とか酷評され、警察の努力が報われなくなってしまいます。そのような意味で、広報対策やCR(コミュニティ・リレーション)が重要であると考えるのです。

先入観にとらわれる部下に

「流行前に決まる流行色」とみんなで決めた法律

毎年、春先になると、テレビのワイドショーなどで、ファッション評論家のような女性が「今年の流行色は○○だから、このようなコーディネートがいいでしょう」みたいなことを述べています。しかし、おかしな話と思いませんか。まだ、今年のシーズンが始まっていないのに、なぜ、今年の流行色というのがわかるのでしょうか。

実は、これには裏があります。その年の流行色というのは、あらかじめ決められているのです。

だいたい二年くらい前に、パリにある国際団体が、その年の流行色を春夏用と秋冬用に分けて決定し、それを受けて、日本でも流行色を決めることになっています。つまり、流行色とは、流行している色ではなくて、メーカー側が流行させようとしている色のことなのです。しかし、受け取る方はそうはとらないでしょう。国民の間で流行している色と思うはずです。ここがミソなのです。

人間というのは、誰かが決めたものを押し付けられると反発しますが、自分たちで決めたとなると、これを受け入れます。流行色という言葉は、本当はメーカーが決めているものを、なんとなく、自分たちで決めたもののように誤解させる効果を持っています。

これに対し、全く逆の場合もあります。それは法律です。

しばしば、公職選挙法や道路交通法などで被疑者を検挙したとき、その程度のことが違法とされるのはおかしいと警察が関係者から批判される場合がありますが、警察は法を執行しているにすぎず、法を作ったのは、国民の代表で構成される国会です。

つまり、国民の多くは、自らが法律を作ったということを実感していないというわけですが、これは不幸なことです。取り締まりの現場などであえて紛議を起こす必要はありませんが、ときには、みんなで決めたルールなのだから、みんなで守ろうと呼びかけてもいいのではないかと思います。

閉鎖的な組織に

戦果を張り出したシーザーの広報。アピールして支持を得る

ドイツ語で皇帝のことをカイゼルといいます。両端がピンとはね上がった髭《ひげ》のことをカイゼル髭というのもここから出ています。このカイゼルの語源は、ローマ帝国の基盤を作ったシーザーでありますが、そもそもヨーロッパではローマ皇帝のみを皇帝と称します。

ローマ帝国は、後に分裂し、東と西に分かれますが、東ローマ帝国の系譜を引くのがロシア皇帝、西ローマ帝国の系譜を引くのがオーストリア皇帝で、近代初頭までこの二国以外に皇帝を称する国はありませんでした。その後、若干、数は増えますが、ローマ皇帝の後継者であることを前提としています。イギリスは、大英帝国と称していますが、これはインド皇帝を併任したからで、イギリス本土は国王にすぎなかったのです。

さて、その皇帝のルーツであるシーザーでありますが、彼は、一体、どうやってその地位を築き上げたのでしょうか。彼は、生まれは悪くなかったよう

ですが、大変な浪費家で、借金魔だったようです。ですから、金の力でのし上がったのではなさそうです。

ただ、非常に人づきあいがよく、人間的な魅力があったといいますから、政治家の資質はあったのかもしれません。彼は、この人間的な魅力でローマの辺境軍の将軍となり、辺境の地を次々と征服します。しかし、それだけでは足りません。当時のローマは、共和制でしたから、民衆の支持を得る必要があったのです。

そこで、彼は、戦果を元老院の横にある民衆が集まる広場の壁にどんどんと張り出します。ここに至り、彼の人気は沸騰し、その民衆の支持を背景に、彼は反対勢力を打ち破り、覇権を確立するのです。

つまり、彼の成功の鍵は、広報戦略にあったといえます。我々の仕事も、国民の支持があって初めて成り立つものです。国民に対し、いかに広報し、アピールするかを、幹部たる者、常に念頭においていただきたいと思います。ちなみに、シーザーが戦果を張り付けた壁のことをアルブムといい、今、我々の使っているアルバムの語源です。

閉鎖的な組織に
ぼけ防止の三要件がすぐに実行できる簡単な手

私は、かつて、渡部恒三さんという方が国務大臣、国家公安委員長をなさっていたとき、その秘書官をしておりました。ちょうど、そのとき、衆議院議員の総選挙があり、私は、大臣とともに全国の応援行脚をいたしました。そして、大臣の演説をすぐ横で聞いていたのですが、この方は、聴衆の状況を見て、その場で話の内容を決めるのです。例えば、聴衆のほとんどがお年寄りのときは、こんな話をします。

「私は、かつて、厚生大臣をしておりましたが、そのときの大きな課題は、お年寄りのぼけ対策でした。そして、いろいろ勉強したのですが、ぼけは、このようにすれば防げるのではないかという結論になったのです。まず、第一は、頭を使うということです。楽隠居をして、何も考えず、ぼんやりしていては、すぐにぼけてしまいます。今の政治はどうだとか、経済はどうだとか頭を使うことです。第二は、他人とのコミュニケーションを図ることです。いくら頭を使っても、家に閉じこもって、人と接触しない人は、ぼけます。人と接触することを心がけましょう。そして、第三に、何か目標を持つことです。これをやりとげるぞという目標を持つことによって、人の心は格段に充実します。何でもいいから目標を持たねばなりません。ところで、私は、今、ぼけ防止のための三箇条を申し上げましたが、実は、この三箇条がすぐに実行できる、ごく簡単な手があるのです。皆さん、お聞きになりたいですか。それでは、特にお教えしましょう…」

「それはですね。選挙運動をするんですよ（爆笑）。皆さん、ぼけ防止のためにも、ぜひ、○○先生の選挙運動を盛り上げていただき、当選させていただきたいと思います」

私は、感心いたしました。ユーモアを交えながら、皆を考えさせ、謎解きのようにしてもっていく話術は大したものですが、このように人をひきつける原点は、やはり、相手に合わせた話題を提供しているということにあると思います。広報を成功させる最大のポイントは、こちらが言いたいことを言う前に、いかに相手の耳を開かせるかにあると思うのです。

閉鎖的な組織に

ライバルとしての報道関係者

本日は、報道関係の皆さんには、大変、お忙しいところをご出席いただき、ありがとうございます。

さて、皆さん方マスコミと私ども警察の関係については、いろいろな言い方がなされています。例えば競業関係であるとか、例えば切磋琢磨の関係であるとかです。しかし、最も多く使われる表現は、ライバル関係という言い方ではないでしょうか。

ライバルという言葉は、もともと、リバー、つまり、川から由来しています。川をはさんで、対岸でにらみあう関係、これがそもそもライバル関係であったわけです。しかし、そうだとすると、ライバル関係を維持することは、なかなか難しいことのように思えます。といいますのも、このような関係を維持していくためには、常に両者が等位置にあることが必要だからです。片方が上流に向かっているのに、もう一方が下流に向かっているようでは、このような関係は成り立たないのです。

つまり、事件なり何なり、ある警察事象を立場は違えども同じ位置関係で見るのが我々と皆さんの関係のような気がします。そして、このことは、私ども警察が扱う事象が社会の末端の縮図のようなものであることと関係が深いと思います。すなわち、そのような事象は同じ目線で見ないと本当のところが見えてこないからではないでしょうか。その証拠に、例えば、経団連とマスコミがライバル関係とか自民党とマスコミがライバル関係といった表現は、寡聞にして聞いたことがありません。

ところで、最近、私のところに来られる若い記者さんの中には、「私はサツマワリをするために新聞社に入ったのではない」などとぼやく人がおられます。そういうとき、私は、今、申し上げたような話をして、最初、サツマワリをするのは、社会の末端を知ると同時に、取材先と同じ目線で見る訓練をするためだよ、と激励しております。そして、そういう存在が我々の励みにもなるし、勉強にもなるんだ、とも話しております。今後とも、そういう関係が続くことを心からお願い申し上げる次第であります。

閉鎖的な組織に

マスコミの論理に対する「ひざの使い方」

ずいぶん以前、現在の経済産業省、当時の通産省において広報雑記帖事件というものがありました。これは、通産省の広報室が社会部記者の特性を経済部記者と比較して書いたものが公になり、社会部記者を誹謗《ひぼう》していると問題になった事件です。その問題となった部分の中に「社会部には社会部特有の論理があり、説明がそれに合わないと記事が暴走する」という一文がありました。

社会部特有の論理というものがあるかどうかはわかりませんが、ただ、記事にしようという意図がある以上、記者は自分なりの論理を組み立てていることは確かでしょう。そして、警察を追及しようとするときは、その論理をもって質問してくることになります。そのときに、この記者の論理を無視して、こちらの論理だけで答えても、いわゆるすれ違いになり、多くの場合、ほとんど理解されません。そして、一方的な記事になってしまいます。その記事を見て「けしからん」と言ってみても、遠吠えみたいなもので、何の役にも立ちません。

そこで、いったん、相手の論理に乗り、その上で、こちらの言い分を言う判断が必要になります。例えば、拾ったお金を届けた子供に優しい言葉をかけなかったという批判に対して、「法的には問題ない」と答えてしまえば、全くのすれ違いです。

これに対し、言葉をかけたかったが、ちょうど取り扱いがたてこみ余裕がなかったと答えれば、相手の論理に乗りつつも、相手の論理がさらに「警察官は不人情」と発展するのを止めることができるかもしれません。

二〇〇四年のアテネ五輪では、日本の男子体操が久々に団体で金メダルをとりました。そのときの映像を見ていて気が付いたのですが、着地がうまくいくときは、必ず、ひざが曲がっています。ひざでうまく衝撃を吸収しているように見えます。相手の論理に乗るのは、このようなひざの使い方に似ています。

頭から相手の論理を否定するのは、ひざを突っ張って着地するようなもので、体全体で衝撃を受け、着地もずれてしまいます。うまい着地を目指して、柔軟な対応をお願いします。

閉鎖的な組織に「王女の父」の職業とPRの双方向性

警察においても、最近、広報というものが重視されるようになりました。広報活動のことを企業などではPRと呼ぶ場合が多いようですが、警察では、あまり使われません。おそらく、自己PRなどのように、宣伝の意味で使われることが多いためでしょうが、本来、PRとはパブリック・リレーション、直訳すれば、大衆との関係という意味であり、宣伝という意味はあまりないと思います。

それでは、PRとは広報であると考えていいのでしょうか。それも、どうも違うように思います。

このPRという言葉は、アメリカ合衆国第三代大統領のジェファーソンが作った言葉であるといわれるように、もともとは政治に関連する言葉だったようです。そういえば、「ローマの休日」というアメリカ映画に面白い場面が出てきます。この映画では、オードリー・ヘップバーン演じる王女は、身分を隠して、グレゴリー・ペックの新聞記者とともにローマの街を楽しく遊び、開放感を味わいますが、実は王女であることを知っているグレゴリー・ペックは、彼女に「お父さんの仕事は何ですか」と意地悪く尋ねます。

これに対し、王女は「パブリック・リレーションよ」と答えるのです。つまり、国王の仕事とはパブリック・リレーションであるといっているわけで、それは、単なる広報にとどまるのではなく、広く、国民と良好な関係を作ることを言っているのだと思います。そして、これは、国王だけでなく、政治や行政に携わる者すべてに当てはまる言葉でしょう。

我々が広報という場合、どうしても、一方的にこちらの考えを国民に伝えることだと思いがちです。しかし、本来のPRとは、行政と国民が双方向で情報や意見をやりとりすることを指していたように思います。我々の広報も、そういう方向に持っていくべきではないでしょうか。

閉鎖的な組織に

「俗説の独り歩き」を排除するのも広報の仕事

先日、在韓国の日本大使館勤務を終え、帰国した友人と話をする機会がありました。彼は、すっかり韓国ファンになったようで、しきりに韓国の自慢をしていましたが、最後に「昔から日本製よりも朝鮮製の方が優れていたんだ。だから、つまらない物のことをくだらないというんだ」と付け加えました。私が、少し驚いて、「じゃあ、くだらないというのは百済(古代朝鮮の国名)でないからきているのか」と問い返しますと、彼は、当たり前じゃないかという顔で「そうだよ。韓国では、皆そう言ってるよ」と言います。

しかし、これは明らかな間違いです。くだらないとは、室町時代に出来た言葉ですが、当時、既に百済は滅んでおり、百済がでてくる理由は全くありません。また、その頃は、理屈が通らないことを「理がくだらぬ」と表現するように使われており、ここからみても「百済でない」は明らかに誤りです。つまり、全くの俗説ということです。

けれども、このような庶民発の俗説は、とても耳に入りやすくできており、いつの間にか独り歩きを始めます。特に、警察は、世間から隔絶した存在のように思われており、このような庶民の間で俗説が独り歩きしやすい傾向があります。いわばブラックボックスみたいなものですから、皆、想像でものを言うのです。

例えば、「交通反則金が警察官の給与に充てられている」と思っている人がいまだにたくさんいます。私は、講演の折り、弁護士さんからこの点について質問を受けたことがありますが、これには驚きました。それほどこの俗説は世の中に広く流布しています。また、取り調べで刑事は拷問まがいのことをするという俗説も根強くありますが、これは、刑事ドラマの影響でしょうか。

広報戦略

このような俗説を排するためには、警察も言うべきことは言うだけでなく、一歩踏み込んで、広く警察の仕事を広報していかなければなりません。決して、世の中から隔絶した存在ではなく、庶民に身近な存在であることを理解してもらうことが重要だと思います。

判断ができない管理職に

パネリストであれ、パネル職人になるな

テレビのワイドショーなどを見ておりますと、コメンテーターとかパネリストとかいわれる人たちが多く登場します。しかし、率直に言って、どのような基準でこの人たちが選ばれ、発言しているのか理解に苦しむことが少なくありません。その人たちは、ごく当たり前の、毒にも薬にもならない意見を言うだけです。こんなものが識者の意見として、公共の電波に乗り、全国津々浦々まで伝えられるのは、いささか納得がいきません。

そんな思いで画面を見ていたとき、ある司会者が面白いことを言いました。パネリストたちに向かって「パネラーの皆さん」と呼びかけたのです。パネラーとパネリストとでは、全く意味が異なります。パネリストは、問題提起をしたり、指導的な意見を述べたりする人ですが、パネラーとは、単にパネルを張り付ける人、いわばパネル職人です。私は、一瞬、あまりにありきたりな意見を聞いた司会者が皮肉を込めて、「決められた意見を張り付けるだけの人」という意味でパネラーと呼んだのかと思いましたが、どうやら、それは考えすぎで、単に間違っただけのようでした。

さて、今、いろいろなところで、防犯のまちづく

りや交通安全などについて、地域ぐるみの取り組みが行われています。そこで、これらの問題の専門家としての警察の意見を求められることも多いと思います。座談会やパネル・ディスカッションなどに出席を求められることも多いでしょう。

こういうときこそ、警察の見識と力量を示すチャンスですし、関係者もそれを期待しています。ところが、なかには、何の参考にもならない、誰でも知っているような総論的な話に終始し、周囲をがっかりさせることもあるやに聞きます。

警察に期待されているのは、専門家としての意見や指導です。パネリストとしての意見であって、決まりきったことを言うパネラーの意見ではないということを再認識していただきたいと思います。

数字に踊らされる悪弊に

「投手の数字」と「打者の数字」の違いを考えた広報

かつて長嶋監督の頃の巨人軍は、史上最強打線なるものを擁していましたが、なかなか浮上してきませんでした。その理由についてはいろいろな見方がありましたが、私は、これは数字の見方、ひいてはそれに基づく補強の方法に問題があったという気がしています。

同じ数字であっても、投手の数字と打者の数字とでは、見方が異なると思うのです。打者の数字は、相手の投手が誰であるかによって極端に変わります。エース相手のときにはほとんど打てなくても、二線級が出てくるとつるべ打ちなんてことはよくあります。エース級が出てくる試合の得点は二点で、二線級が出てくる試合の得点は一〇点というようなことになった場合、これを平均して、我がチームの得点能力は六点であると言ってみても、必ずしも実態を表していないと思います。

一方、投手も相手が好打者かそうでないかで変わりますが、一試合の間にこれらの打者すべてと対戦することになります。したがって、好不調はあるとしても、一試合ごとの格差は打者と比べると少なく、トータルの数字というのは信用できます。

巨人は、打者の数字を信用して補強をしたため、接戦で惜敗するか大勝するかというパターンに陥り、なかなか勝ち星を増やすことができないわけです。

実は、犯罪統計というのは打者の数字と似たところがあります。例えば、殺人も一件、自転車盗も一件と評価されてしまいます。ですから、犯罪統計をトータルで眺めているだけでは、治安の実態というものはなかなかつかめません。

犯罪統計を有効に活用するには、細かく分析し、それぞれの地域ごとの特徴や傾向を把握する必要があります。それにより、はじめて実質的な治安というものがわかってくるのではないかと思います。そして、このようにして得られたものを住民の皆さんへ広報することによって、警察への信頼も高まるだろうし、協力も得られやすくなるのではないかと考えます。

ここだけの
説教-8

責任をかぶる覚悟で独断専行に走るべき時もある

最近は誘拐事件が少なくなり、その結果、報道協定が結ばれる例も少なくなってきました。誘拐が割に合わない犯罪ということが認識されてきたという報道がありましたが、その通りかもしれません。また、以前は被害者は子供というイメージがありましたが、最近は大人の方が多くなっています。単純な身代金目的ではなくなっているのが見てとれます。

さて、私が警視庁の広報課長をしているときも東京の誘拐事件は一件のみで、被害者は成人男性でした。深夜に事件の発生をつかんだ某紙から、朝刊掲載の打診があり、それから報道協定の申し入れとなりました。

報道協定とは、捜査当局と報道各社との協定ではありません。報道各社間の取材、報道自粛協定なのですが、その締結は捜査当局が申し入れる形になっています。私から警視庁の三クラブ（警視庁には記者クラブが三つあります）の幹事に申し入れ、協定が結ばれました。

協定が結ばれると、報道側が取材を自粛する代わりに当局側が詳細に現状を説明する義務を負いますが、その説明がなかなか難しい。説明が二か所で行われるからです。警察庁と発生地を管轄する都道府県警察の両方で行うのですが、両者の呼吸がぴったり合わないのです。

警視庁の事件が発生する少し前に大分県で誘拐報道協定がありましたが、このときも、警察庁の発表の方が大分県警より早いということで、事件解決後も、大分県警と記者クラブの間でもめていました。これについての警察庁の説明は、「特に全国紙の場合、県警には新人がいて、警察庁にはベテランがいる。その質問ぶりや記事のまとめぶりで差が生じている」というものです。いささか怪しげですが、トラブルになるのは現地なので、この説明で適当にお茶を濁してきたのです。

さて、東京においても、この問題が発生してしまいました。警視庁においては刑事総務課長、警察庁においては捜査一課の理事官が会見するのですが、常に警察庁が先行するのです。中には、「どちらも東京社会部だからどっちが早くてもいいよ」と言ってくれる鷹揚《おうよう》なキャップ（それぞれの社の警視庁担当の統括役）もいましたが、ほとんどの社が目をつり上げて抗議に来ます。発表者がきちんとしゃべらないのは協定違反だというわけです。私も警察庁広報室の担当補佐に電話を入れます。

「一体、どうして警察庁の方が早いんだ？」

「それは、警察庁の方がベテランが多く……」

「ふざけるな。警視庁の方が取材歴が長い記者が多いのは、君も知っているだろう。いい加減な説明をするな」

「ひょっとしたら、警視庁の方が会見場までの距離が長いからそれが原因かも」

「あて推量を言わず、捜査一課にきっちり確認してくれ。こちらも刑事部に確認するから」

しかし、その後もこの状態は続き、記者クラブとの関係は最悪となりました。どうしたものかと悩んでいると刑事部参事官から電話が入りました。

「まもなく犯人を逮捕できる」

「本当ですか……。それでは、一つお願いがあります。犯人を逮捕した時の一報を警察庁に入れず、警視庁だけで発表してください」

「そんなことをして大丈夫か。責任は誰が取る?」

「私が全責任を取ります。それぐらいのことをしないと、記者クラブが収まりません」

「しょうがないな。君に任せるよ」

この結果、逮捕の発表は警視庁だけで行われ、警察庁では大騒ぎになったようですが、私は、あまり後をひかないだろうと思っていました。というのは、この手の発表は現場の方が遅いから問題になるので、中央の方が少々遅くても記者のメンツはつぶれないからです。どうやら、警視庁広報課長のうっかりミスということで収束したようです。

一方、警視庁の方では、先ほどまで目を三角にしていたキャップ連中が「これで一切文句はないよ」とニコニコ顔に変わり、すべて円満解決となりました。

大きくても、小さくても、組織の責任者となれば、独断専行に走らなければならない時があります。そんなとき、しっかりした部下ほど上司のことを慮《おもんぱか》り、「無茶しない方がいいです」と言うはずです。だから、いざというときは、部下の意見に左右されることなく、自らの見識で判断しなければならないのです。もちろん、全責任を自分でかぶる覚悟で。

【複眼思考】

Multi-Dimensional Thinking

現場の大切さを忘れないために

大阪の道案内は東京で通用しない。現場即応が大事だ

今朝、テレビを見ておりましたら面白いことを言っていました。大阪で道を尋ねると、ほとんどの場合、「右へ行け」とか「左へ曲がれ」ではなく、「東へ行け」とか「南へ曲がれ」などと教えられるというのです。

これは本当です。私は神戸で生まれ、大阪にも京都にもおりましたからわかりますが、この東西南北方式は大阪に限らず、京都でも神戸でも同様です。

なぜ、そうなるのかといいますと、簡単な話です。これらの関西の都市では、道路が東西南北の方向に造られており、一目で方角がわかるからです。

これに対し、東京の道路は、皇居から放射状に出ているか、皇居を中心とした環状になっています。だから、どちらが東だか西だか、即座にはわかりません。

実は、私も、東京に出てきたとき、これで大変苦労しました。西に歩いているつもりが、いつの間にか、北に向かっているなんてことが再三ありました。大阪の連中が東京に出てきて最も困るのはうどんのつゆとよくいいますが、私の場合、最も困ったのは道の歩き方でした。いずれにせよ、このような東京の道では、東西南北で方向を指示することはとてもできる相談ではありません。

ところで、いろいろな通達、指示、マニュアルなどを見て思いますのは、「このようなときはこうすること」という事例として、典型的な場合が示されていることです。これは、いわば、東西南北のはっき

りしている道路で東に行けとか南に行けと方向指示をしているようなものです。しかし、おそらく現場ではこのようにはっきりしている例は少ないでしょう。東京の道路のように、どっちを向いているかわからない、様々な形態をしていると思います。こんなところで、大阪風の道案内をしても、言われた方はとまどうばかりです。

基本方針を示す通達はともかくとして、マニュアルなどではできる限り現場に即したものにするよう心がけていただきたいと思います。

大局が見えない部下に

「手元で伸びるボール」と目の前で大きく見える課題

野球の解説者が投手のピッチングを評して「彼のボールは、打者の手元で伸びるんです」などと言っているのを耳にすることがあります。

しかし、果たして、ボールが伸びるということなどあるのでしょうか。もちろん、この解説者の言う「伸びる」とは、ボールが物理的に伸びるのではなく、加速するという意味だと思います。しかし、エネルギーの法則からいえば、ボールに新たな力が加えられていないのに、そのスピードが速くなるということはありえないはずです。といって、この解説者がデタラメを言っているとも思えません。少なくとも、プレーヤーには、ボールが伸びるように見えるわけです。

ここで、打者の立場に立ってみましょう。投手の手を離れたボールは、打者からすれば、二〇メートルほど離れたところに見えます。つまり、一辺二〇メートルの大画面の中をボールが動いているわけです。しかし、その画面は、どんどん小さくなっていき、打者の手元に来たときは、ほんの数センチ四方の画面の中をボールは移動しています。

同じ速さですと、小さい画面の方が大きく動いて見えます。当然、感覚的に速いと認識されます。これが「手元で伸びる」の正体なのです。もっとも、手元で伸びないボールもあります。これは、減速が大きいため、小さい画面でも速くなったとは感じられないものです。つまり、手元で伸びるボールとは、初速と終速との差が小さいボールということができるでしょう。

さて、今述べたような現象は、我々の身のまわりでも起こっています。

自分の目の前にある仕事や課題は、大きく、大変に見えるものです。いうまでもなく、自分の仕事に誇りを持ち、これに大きく構えることは大切なことです。しかし、それと同時に、管理者としては、その課題が全体という大きな画面で見た場合、どれほどのものか検証することが重要です。このような複眼的思考をせずに、ただ、自分のところの仕事の重要性を叫んでも、単なる独りよがりに終わってしまいます。

「プロの仕事」を問われたときに

ネットの情報力でアマがプロに勝つ時代、プロを見る目は厳しい

最近、将棋の世界で強いアマチュアが出現し、プロを相次いで破り、話題になっています。さすがに、プロ棋士の集まりである日本将棋連盟も無視できず、特例のプロ資格試験を実施するそうですが、驚くべきは、この人が突然変異で出てきたのではなく、彼に劣らないアマが決して少なくないという事実です。古くから、プロとアマの差が最も大きいのは、相撲と将棋といわれてきました。

しかし、相撲はいざ知らず、将棋では、こんなに力が接近してきたのです。これは、なぜでしょうか。

将棋の世界で、アマがプロに勝てなかった大きな要因は、才能もさることながら、情報量と実戦数の差であるといわれます。つまり、プロたちが連日対局して、そこから新しい情報を得て、さらに強くなるのに比べ、アマは情報も少なく、強い相手にも恵まれていないというのがこれまでの実態でした。しかし、この現実を一気に変えたのがインターネットです。今やインターネットには、大量の情報があふれていますし、さらに、望めば、トップアマやプロとの対局がいつでもできます。これにより、プロとアマの差がなくなってきたといえるでしょう。

しかし、このような傾向は、別に将棋の世界に限られません。誰でも、簡単に専門的な情報にアクセスできるようになった今日、プロや専門家に対する世間の目は、一段と厳しくなっています。今までのように、「専門家がそう言うんだから仕方がない、納得しよう」というわけにはいかなくなっています。

二〇二〇年東京オリンピックのエンブレムは、当初、選ばれた作品の製作者に多くの問題が指摘され、白紙撤回となりましたが、その時、実績あるデザイナーだけから作品を募集するという姿勢が批判されました。また、やり直しの選考は公募という形になりましたが、最終決定は一部専門家の意向に左右されたのではないかと批判されています。このような批判が当たっているか否かはともかく、プロを見る世の中の目は厳しくなっています。

そのような世の中の肥えた目に応える意味でも、プロのプライドを持ち、自らの技量を高めていく努力をしていかねばならないと思います。

硬直した組織に

今やっていることを唯一絶対と決めつけるな

日本の国旗は、いわずとしれた日の丸ですが、日の丸の掲揚の仕方には流儀があると考えられています。少なくとも、私が子供の頃は、金色の玉がてっぺんについた、だんだら模様の竿に日の丸を飾るのが流儀だと思っていました。現に、最近でも、そのようなことを言う人がおります。

しかし、これは、伝統でも流儀でも何でもありません。実は、この様式は、日の丸が国旗として認知され、庶民にも広がりだした明治時代に、ある旗屋が一種のアイデア商品として考え出したものなのです。だんだらの竿は、天皇家の祖である神武天皇が東征の折り、持っていた弓を表し、金色の玉は、その弓の先端にとまり、道先案内を務めた金の鵄《とび》を表すというもので、当時の人々にとっては常識であった「古事記」の記述をモチーフにしております。題材が良かったのか、この商品はヒット商品となって、そのまま国民の中に定着したのです。日の丸といえば、このように掲げるものだというイメージが我々にはありますが、もとはといえば、その程度のものだったのです。

私たちは、どうしても、今あるもの、あるいはやっていることを正しいものと考えてしまいがちです。しかし、現在やっていることだって、もとをたどれば、実は大した根拠がない、なんてことも多いのです。

ですから、今、我々がとっている警備手法にしても、これを唯一絶対と決めつけずに、なぜ、そのようなやり方がとられているのか、改善、改良の余地はないのか、原点にかえって検討してみることも必要なことだと思います。

本末転倒にならないために
とんびが教えてくれた「手段と目的の本末転倒」

目的と手段を混同するなということはよくいわれます。特に、手段が目的化することは厳に戒めなければならないとされるのですが、実際問題として、これはなかなか難しいという一面があります。それは、長い間やっていますと、人間は、手段を絶対化するという一種の思い込みに陥ってしまうからです。

私が経験した警衛（両陛下や皇族方をお守りする

警備）の例で申しますと、こんなことがありました。御順路にあたる道路が狭くて、もし、奉迎者が多数出ると路側に収容できなくなるおそれがあったのです。そこで、私が、もし、そのような事態になったら、対向車線の交通を一時的に止めて、そこに奉迎者を入れたらどうかと言いましたところ、警衛担当のベテランから、対向車線を止めないのは、絶対の前提であると強く反論を受けました。

対向車線を止めないのは、国民の利便のためという目的達成の一つの手段であり、多くの場合、それは正しいと思います。しかし、雑踏事故防止という観点をも含んだより広い国民のためという目的を考えれば、そのような手段も相対的に考えるべきは当然でしょう。しかし、長くやっていると、それを絶対だと思い込んでしまうものなのです。

今の飛行機は、固定翼であり、翼は動きません。

しかし、これは、比較的最近考えられたことで、それ以前は、研究者たちは、翼をどのように動かせばよいかということばかりを研究していました。つまり、鳥のように空を飛びたいという発想から始まったため、いつのまにか、鳥のように翼を動かすことを当然視し、いかに鳥に近づくかが目的になってしまっていたのです。

そして、ある日、ケイリーという人物が、とんびが翼を動かさずに飛んでいることに着目し、はばたかなくても飛べるのではないかと考えつくまで、このことを誰も疑わなかったのです。ケイリーは、その後、この考え方をグライダーに結実させましたが、我々も頑迷《がんめい》固陋《ころう》にならず、周囲の情勢に敏感に反応できる、とんびのような発想をしたいものです。

安全な社会のために

「力なき正義」カルタゴの滅亡が教えてくれること

紀元前一〇世紀頃、地中海世界は、ギリシャからフェニキアへ主導権が移ります。フェニキアは、今のレバノンあたりにあった都市国家で、地中海沿岸に多くの植民都市を建設します。その一つがカルタゴです。カルタゴは、北アフリカの地中海側、現在のチュニスの近くにありました。

カルタゴは、まさに貿易立国という国で、地中海を股にかけた経済活動により多大な富をなしたのですが、同時に顕著な特徴がありました。それは、市民皆兵が常識であった当時にあって、軍隊を持っていなかったのです。もちろん、若干の傭兵はいましたが、いざというときに、どれだけ役に立つかわかりません。そこで、カルタゴの外交政策の基本は、「金で解決をする」ということでした。このカルタゴの富に目をつけたのが、軍事強国のローマでした。ローマは、カルタゴに無理難題を吹っかけ、何とか金で解決しようとするカルタゴから散々金を絞り取ったあげく、これを滅ぼしてしまいました。紀元前一四六年のことです。

私は、警察学校の初任科の卒業式では、いつも「正義なき力は暴力である。力なき正義は無効である」というパスカルの言葉を紹介しています。

つまり、世の中を正しく律するには、正義と力の二つの要素が必要であり、そのために警察が存在しているのだということを申し上げているわけです。しかしながら、世間には、正義だけで世の中を律することができると考える人が少なくありません。さらに、その人たちが力を罪悪視するのは、まことに残念なことです。

かつて、カルタゴのことを、平和主義を貫くことによりローマの悪性を明らかにすることができたと評した歴史家がいましたが、仮に、後世の人々に評価されたとしても、惨殺されたカルタゴの人々が喜ぶとは思えません。

同様に、犯罪や暴力に遭った人たちがマスコミや世論に同情されたとしても、決して救済にはならないでしょう。日本で唯一力と正義を所管する警察こそが、これらの人々を救い、守ることができるのではないでしょうか。

閉鎖的な組織に

相対性理論は、世の中すべてに通用する

最近、二〇世紀を振り返るというような特集を目にすることがありますが、その際、アインシュタインという名前がしばしば出てきます。

この人が有名な物理学者であることは皆さんもご存じだと思います。例えば、我々の所掌事務に核防護というものがありますが、原子力エネルギーというものの原理を発見したのもアインシュタインです。彼は、質量はエネルギーに転換できるということを主張し、それが原子力によって実証されたというわけです。

さて、彼が二〇世紀最高の科学者といわれる最大の理由は、相対性理論の提唱者だからです。この相対性理論をわかりやすく説明すると、次のようなことになります。

　東京発大阪行きの新幹線に速球投手が乗っていたとします。そして、列車が時速一五〇キロのスピードで静岡駅を通り過ぎたとしましょう。このとき、投手が車内で、大阪方向から東京方向に一五〇キロの速球を投げたとします。すると、このボールは、どうなるでしょうか。車内では、ボールは一五〇キロで飛んでいきます。しかし、静岡駅のホームで立っている人にとっては、このボールは宙に浮いているにすぎません。

　さあ、それでは、これは、どちらが正しいのでしょうか。実は、どちらも正しいのです。どちらの考え方をとっても、すべての物理学の法則は成り立つのですが、これを証明したのがアインシュタインなのです。


我々は、仕事をするとき、どうしても警察の観点で物事を計ってしまいます。我々は、これだけ一生懸命やっているのだから、クレームを付ける方がおかしいとか、施設の管理者側はもっと協力すべきだとかですが、私は、このような考え方は間違っていないと思います。

　しかしながら、これは、先ほどの例でいえば、電車に乗っている人の意見であり、駅のホームにいる人は、別の見方を持っており、かつ、そのような見方も間違っていないということも頭におくべきなのです。そのようなことを無視し、強引に事を進めると、長い目でみた場合、むしろ、損をするということにもなります。自分たちの考え方を絶対視することなく、諸対策を進めていただきたいと思います。

閉鎖的な組織に

情報を隠さずみんなに相談して生まれた蚊取り線香

テレビの時代劇を見ていますと、蚊取線香らしいものをたいているシーンに出くわします。しかし、江戸時代には、蚊遣りといって、蚊を煙でいぶす習慣はありましたが、現在、我々が使っているような蚊取線香はありませんでした。蚊取線香を実用化したのは、現在の大手メーカー金鳥の創業者である上山英一郎氏です。

彼は、もともと、みかんの栽培家であったのですが、あるとき、種子交換のために来日したアメリカ人から除虫菊の種をもらいます。上山は、当初、観賞用と思ったようですが、後にその除虫効果に驚きます。

そして、これを商品化すれば大もうけできるのではと考え、いろいろと工夫するのですが、うまくいきません。何がうまくいかないかといいますと、長時間、燃焼させるという、この一点がうまくいかないのです。

そこで、彼は、多くの人に相談します。そして、非常によいヒントを得ます。それは、線香にすればよいのではないかというものでした。しかし、ご存じのとおり、線香というのは、それほど長持ちしません。改良を加えても一時間くらいでしょう。これを一晩中燃やそうとすれば、普通のものの数倍の太さにして、長さも相当長くしなければなりません。それでは、あまりにも使い勝手が悪いし、そもそも危険です。そこで、彼は、またしてもいろいろな人に相談します。そして、出てきたアイデアが渦巻き状にすればよいのでは、というものでした。このアイデアをもとに工夫が積み重ねられ、今、我々が見るような形態になったのです。

人間は、いいアイデアを思いついたとき、それを人に取られまいと情報を独占しようとします。もちろん、それがいい結果を生む場合もありますが、自分の手に負えないと見切りをつけ、情報を広く公開し、衆知を求める度量も、ときには必要だと思います。

活発な議論がない会議に

「自由」と「平等」の対立を解決する「博愛」

フランスの国旗をご存じでしょうか。赤、白、青の三色からなる旗で、普通、三色旗、これはフランス語のトリコロールの翻訳ですが、そのように呼ばれています。

この三色の由来については、古来、いろいろなことがいわれておりますが、それはともかくとして、現在では、自由、平等、博愛を表すものとされております。そして、この自由、平等、博愛の順番は、このとおりであり、変えてはならないともされています。つまり、博愛、平等、自由とか平等、博愛、自由とかであってはならないのです。これはなぜでしょうか。

よく考えてください。第一命題の自由と第二命題の平等とは、実は相対立する理念なのです。初期の資本主義をみればわかるとおり、とことん自由を追求すれば、貧富の差は拡大し、社会的身分はどんどん不平等になっていきます。

したがって、当たり前であれば、この二つは両立しないのですが、解決する方法が一つあります。それは、この二つの理念を統合するより高度な指導理念を作り出すのです。そして、それが博愛という理念なのです。だから、この三つの順番は変えてはいけないのです。ちなみに、このように矛盾する理念をより高いレベルで統合する考え方を弁証法といいます。

この考え方を統一的に理解したのが、ドイツのヘーゲルという人ですが、彼によれば、歴史は弁証法で進歩してきたといいます。近代フランスもその影響を多分に受けたと思われます

さて、この弁証法は、我々の日常生活にもあてはまります。お互いの意見が異なり、対立している場合であっても、より一段高い立場から考えれば、解決の糸口をつかめるときがあります。

そして、そういうときは、はじめから全会一致となっているときよりもいい結論になる場合が多いのです。意見の対立を単なる消極要素と考えず、前向きにとらえていただきたいと思います。

先入観にとらわれる部下に

大関在位記録は称賛できない。数字の意味を考えろ

亡くなった元大関の初代貴ノ花関には、私も、彼が二子山親方だった頃、部屋を見学させていただいたことがありますが、細かな気配りのできる、相撲取りらしくない人だった記憶があります。

ところで、貴ノ花については、大関在位五〇場所は歴代最長(当時。現在は歴代三位)と称賛する向きがありますが、これはどんなものでしょうか。在位数の第二位は北天佑ですが、彼は、千代の富士の全盛期とかちあい、横綱昇進を果たせなかった力士で

す。第三位の小錦も大関どまりでした。

つまり、大関在位が長い力士とは横綱に届かなかった人たちなのです。これは、映画や芝居の脇役とは違います。映画などの脇役は、主役とは違うジャンルですので、そのトップの地位を長く保持することは称賛の対象でしょうが、相撲の場合、横綱の方が大関より上ですから、大関を長く務めることは横綱になれないことと同義であり、称賛の対象とは言いづらいように思います。例えば、政治の世界でも、あの人は長らく代議士を務めたが、一度も大臣になれなかったというのは、ほめ言葉ではないでしょう。もっとも、長期間、大関から陥落しなかったという面は称賛に値しますが。

この貴ノ花の例のように、私たちは、どうも数字を一面的に評価するきらいがあります。例えば、少年による犯罪の中で、低年齢層によるものの割合が増えたから、犯罪の低年齢化が進んだというような言い方をしますが、それは単に年長の少年の犯罪が減っただけなのかもしれません。それならば喜ばしいことです。逆に、低年齢層の犯罪も高年齢層の犯罪も増加した場合、比率は変わらないから、低年齢化していないということになるのでしょうか。

いずれにしましても、数字からものを言う場合、多角的に評価することが重要だと思います。

先入観にとらわれる部下に

恐竜時代にネス湖はなかった。現状を前提にものを考えるな

イギリスはスコットランド地方にネス湖という湖があります。ここに、古代から生き残りの恐竜がいるという伝説があり、その証拠写真なるものもあり

ます。もちろん、本物かどうかわかりませんが（撮影者が後にトリック写真であることを公表したものもあります）、その存否をめぐる議論は、ネッシー騒動として有名です。

しかし、そんな論議は、科学的にみるとお話にならないそうです。なぜなら、ネス湖は、比較的新しい湖で、恐竜時代には影も形もなかったそうです。そんなところに恐竜の生き残りがいるわけないじゃないかというのです。まさに、ごもっともです。

いかがでしょうか。何かご不満がありそうですね。それでは、インドのカレーというのは、どうでしょう。インドは暑いところだ。だから、人々の発汗作用をよくするために、インドのカレーは自然と辛くなったというのは、よく聞く話ですね。私も子供の頃、学校で先生に聞きました。しかし、変だと思いませんか。インドのカレーが辛いのは、唐辛子のせいです。しかし、唐辛子はアメリカ大陸の原産で、インドにはヨーロッパ人が持ち込むまでなかったはずです。つまり、インドのカレーは、本来は辛くなかったということです。

このように、人間は、現在の状態を前提として、物事を考える傾向があります。しかし、そのような思考法をとると、しばしば、大事な点を見落としてしまうものです。なぜ、このような現状になっているかを考えることが大切です。過去の経緯を点検することにより思わぬ発見もありますし、また、そもそもどうあるべきだという原則もわかるというものです。

何かを判断するときには、現状に目を奪われることなく、過去の経緯や原則論も頭において考えていただきたいと思います。

数字に踊らされる悪弊に

海軍はニューヨークより安全!? 数字のマジックにだまされるな

人間は、本能的に数字に畏敬の念を抱いているようです。よく、「私は数字に弱いので」と弁解気味に話す人がいますが、この人たちなど、まさに数字に白旗を上げているようなものです。こうした人間の弱味につけ込むのが数字のマジックです。

確かに、数字は、一見、極めて客観的に、かつ、冷徹に現実を示しているようにみえます。しかし、数字というものは、一定の前提の下ではじき出されたものであり、その有効範囲には限界があるものなのです。

歴史上有名な数字のマジックに、アメリカ海軍の新兵募集広告というものがあります。その頃、アメリカはスペインと戦争（米西戦争）をしており、海軍は危険だとみられ、入隊者が激減していました。そこで、海軍は、次のような数字を示しました。

「ニューヨークの年間の死者は千人あたり一六人。一方、海軍の死者は千人あたり九人。だから、ニューヨークにいるより海軍に入った方が安全である」

ぼんやり聞いていると、思わず「なるほど」とうなずきそうな話です。しかし、よく考えてみると、ニューヨークで死亡しているのは、おそらく、老人、新生児、病弱者がほとんどでしょう。しかし、海軍には、そのような人はいません。屈強な若者ばかりです。そんな連中が千人あたり九人も死ぬというのですから、大変危険なところだということがわかります。このように、前提抜きで数字が独り歩きするととんでもない誤解が生じます。我々も、このようなマジックにひっかからないようにしなければなりません。

今、やっている犯罪抑止対策にしても、ただ、犯罪認知件数を減らせばいいというものではありません。例えば、自転車盗のような占有離脱物横領というのは、検挙即認知ですから、一生懸命検挙すれば当然認知も増えてきます。このような認知件数が増えても何の問題もありません。施策を行うに当たって、数字は必要ですが、その意味を考えることはもっと必要です。

先入観にとらわれる部下に

レッテル貼りが蔓延している。惑わされない目を持て

少し以前の話です。テレビの捕物帖を見ていると、こんな場面が出てきました。岡っ引きの子分が親分の名推理を聞いて、思わずひざをたたく。「さすが親分。目からウロコが落ちました」

なにか変だなと思いました。「目からウロコが落ちる」という言葉は、新約聖書が出典です。それまでイエス・キリストの迫害者であったパウロが、イエスの言葉に接し、回心したときに目からウロコのようなものが落ちたという話に由来するのですが、この故事が江戸の庶民にまで伝わっていたとは信じられません。このほか、「情熱」とか「ツーカーの仲」といった明治時代以降に使われだした言葉もしばしば時代劇に登場しますが、いかがなものかと思います。

また、相手を呼ぶときに、やたら「光秀殿」とか「秀吉殿」と名前を口にしますが、これもちょっと変です。例えば、我々が安倍首相に呼び掛けるときに「晋三さん」とは言わないでしょう。当然、「総理」と呼

ぶのではないですか。昔も同じで、職名で呼び合うのが普通です。

ある本格時代劇で加藤清正が石田三成の屋敷を襲う場面がありました。清正が叫びます。「三成はどこだ」。しかし、これではいまどきの暴力団の殴り込みです。いくら粗野な清正でも「治部少(三成の官職名)はいずこにおわすか」と言うぐらいの常識は持ち合わせていただでしょう。

しかし、それではすべてをその時代に合わせたドラマづくりをするべきか、というと、そうもいかないでしょう。そもそもせりふがよく理解できないでしょうし、お歯黒を付けた女性がぞろぞろ登場すれば、気持ち悪いことこの上ない。結局、時代劇とはこういうものだという公約数のようなものを作り、それに沿ってドラマづくりをするのが最も妥当ということになるのでしょうか。

ところで、実はこのような暗黙の公約数は現代劇にもあります。下町には人情があるとか、大阪人は商売人気質だといった類いです。例えば、大阪を舞台にするドラマには、傾いた家業や会社を根性で建て直すというストーリーが多いのですが、これは視聴者の思考回路の公約数に沿ってドラマを作っているからです。そして、時代劇とは異なり、このような現代劇における公約数というものは現実のイメージの反映であり、かつ、現実のイメージに反映します。しかし、このイメージが正しいのか、本当のところはわかりません。

我々の周囲には、この手の増幅されたイメージが多数あります。そのようなイメージがどこまで真実なのか、しっかりと見極めねばなりません。目からウロコを落とさなければならないことがたくさんあると思います。

先入観にとらわれる部下に

競走馬の右まわり左まわりからバランス感覚を学ぶ

日本の競馬場には、東京競馬場のように左まわりのところと中山競馬場のように右まわりのところとがあります。これは、なぜでしょうか。私が大学生の頃、テレビのクイズ番組でこういう問題が出されました。正解者がいたかどうか忘れましたが、解答は「どちらか一方に限定すると、レースも調教も一方に偏ってしまい、馬体に変調を及ぼすおそれがあるから」というものでした。

要するに、人間と違い、自由に歩きまわれない競走馬の場合、一定方向にばかり走らされているとバランス感覚が狂ってしまう危険性があるため、あえて、左まわりとか右まわりでなければならないとはしていないというのです。

この話が本当かどうかは知りません（以前、日本中央競馬会の人に質問したところ、知らないと言われました）。しかし、あり得る話だなとは思います。馬、特にサラブレッドは、大変デリケートな動物といいますから、いつも同じ方向にばかり転回させられていると、中には、バランス感覚や体調を崩すものが出てきても不思議はありません。

つまり、ワンパターンは危険ということなのですが、これは人間の思考においても同じです。常に同じ方向にばかり思考をしていると、知らず知らずのうちにバランス感覚が狂ってきます。

しばしば、自分と同じ考え方の新聞しか読まないと言う人がいますが、それでは、バランス感覚がおかしくなるおそれがあります。自分の意見と異なる論説にも、ときには耳を傾けることが必要ではないでしょうか。

ところで、競馬の発祥地イギリスでは、競馬場は日本のように周回コースになっておらず、場所によって、様々な形に作られています。観客にとっては誠に不便ですが、馬の健康にとっては好ましいことでしょう。我々も、たまには、世間の目を気にしない自由な発想をして、頭の体操をした方がいいのかもしれません。

自信を失いがちな人々に

排斥されても家の中では自分自身に向けて喝采する

少し古い話です。ご存じない方もおられるかもしれませんが、アトランタ五輪の女子マラソンで銅メダルをとった有森裕子選手が、レース後「自分で自分をほめてやりたい」と発言し、話題となりました。

ところで、有森選手が知っていたのかどうかわかりませんが、同じような言葉が古代ローマの格言にあります。それは、ローマ時代の詩人であるホラティウスの言葉で「人々は私を嫌い、排斥する。しかし、私は、家の中では自分自身に向けて喝采をするのだ」というものです。

この言葉は、いろいろな意味に解釈できると思います。一つには、人が何と言おうと自分自身にプライドを持ち、正しいと思う道を進みなさいという意味にとれます。これは、そのとおりであり、皆さん方も自分に自信とプライドを持ってほしいと思います。もちろん、そのためには、自信とプライドを裏付けるだけの努力が必要です。

しかし、皆さん方には、この言葉の別の意味を知っていただきたいと思います。それは、世間が自分を排斥するのに、家の中では自分自身を称賛できる社会がどんな社会であるかということです。古代の専制君主のもとでそんなことができたでしょうか。古代でなくても、例えば、ヒトラー時代のドイツ、スターリン時代のソ連、毛沢東時代の中国、今の北朝鮮でそんなことがあり得るでしょうか。

つまり、政府や世の中からいかに批判されても、自分の私生活を確保しその中で自由な活動ができるというのは、実は、民主主義が確立している社会でのみ可能なのです。今の日本は、まさにそういう社会です。そして、このような社会を守るのが我々警察の使命なのです。

先入観にとらわれる部下に

「立ち聞き」で急展開するテレビドラマと単純化の弊害

若者の活字離れが叫ばれて久しくなります。警察社会もその例外ではなく、例えば、警視庁の独身寮では、入寮者の半数以上が新聞を購読していません。その理由の第一位は、「テレビやインターネットで情報を得ることができる」というものですが(ちなみに第二位は「読み終えた新聞の処理が面倒」であり、これは確かに独身者にとって切実な問題です)、本当に、テレビで新聞や活字を代替できるのでしょうか。

かつて、テレビドラマの脚本家たちの座談会を読んだことがありますが、その中に「うまい脚本家とは、場面を単純化できる人」という発言があり、なるほどと思いました。テレビの画面が伝えることのできる情報は限られています。無理に多くを伝えようとすると、やたら説明的になり、つまらなくなります。だからこそ、場面を単純化できる脚本家が重宝されるのでしょう。

そんなテレビドラマの特徴的な場面が「立ち聞き」です。秘密の話を偶然立ち聞きし、そこから、急に展開が変わるということがドラマではしばしばありますが、実社会において、そんな話を私は聞いたことがありません。当たり前ですよね。内緒話を大声でする人はいませんから。このご都合主義が場面単純化の神髄(?)なのです。

しかし、このような単純化は、ドラマにおいてのみ行われるのでしょうか。おそらく、そうではないでしょう。同じテレビという媒体を使う以上、ワイドショーやドキュメンタリー、あるいは報道番組などでも同様の要請があるはずであり、逆にいえば、この単純化という特質があるからこそ、テレビは多くの人に受け入れられているのです。

だから、これらの番組でも、しばしば思いきった単純化が行われています。その一つが善玉、悪玉の決めつけです。善玉、悪玉が確定していれば、視聴者は、混乱することなく、安心して見ていられるというわけです。しかし、本当にそうなのでしょうか。水戸黄門ではあるまいし、世の中、そう簡単にステレオタイプで測れるものではありません。

ときにテレビを離れ、活字を追いながら、複雑思考で考えることも必要ではないでしょうか。

先入観にとらわれる部下に

ハリー・ポッターはファンタジーではない

イギリスは児童文学、とりわけファンタジーの宝庫です。その素晴らしさは、このところの映画のヒットにより、日本においても広く認知されるようになってきました。「ロード・オブ・ザ・リング」「ナルニア国物語」そして「ハリー・ポッター」……。

いや、待てよ、「ハリー・ポッター」って本当にファンタジーなのでしょうか。実は、私には、そうは思えないのです。というのは、ファンタジーというものは異空間であれ、魔法であれ、その中で一つの体系ができていなければなりません。そして、そこに足を踏み入れるから、読者はファンタジックな気持ちにさせられるのです。しかし、「ハリー・ポッター」は、人間社会の体系にいわばツールとして魔法がセットされているにすぎません。なぜ、「ドラえもん」は、主人公であるロボットが未来から持ってきたいろいろな道具を駆使しても、ロボット漫画とかSF漫画といわれないのか。それは、彼の道具が現代日本社会の価値体系の中に一つのツールとして持ち込まれているにすぎないからです。

同様に「ハリー・ポッター」もファンタジーというより、学園を舞台にした冒険小説と理解すべきだと私は思います。ただ、魔法をツールとするのは、一つの賭けです。なぜなら、ストーリーに歯止めがなくなり、そのため、内容が恣意《しい》的で散漫という印象を与えかねないからです。「ハリー・ポッター」は、一年に一作のペースで新作が発表されていましたが、作を重ねるにつれ、分量の増加と反比例して、中身が薄くなったと感じられるのも、そのせいではないでしょうか。

私たちの身の回りにもツールが増えました。インターネット、パソコン、携帯電話…。私の子供の頃からみると、まるで魔法のようです。しかし、それらが本当に人生を豊かなものとしているでしょうか。むしろ、情報が増えただけ、現象に対する関心が散漫になり、それが緊張感に欠ける日々の生活につながっているように思えます。だからこそ、若者にはツールに頼らない、自分の感性を信じる人生を期待したいのです。

先入観にとらわれる部下に

女子アナに「わずかなリアル」を求める空しさ

雑誌を見ても、テレビを見ても、このところの女性アナウンサー(女子アナ)の人気はすごいものがあります。彼女らへの関心の高さには驚かされますが、そのよってきたるところは、何なのでしょう。

まず、間違いなく背景にあるのはメディアへの露出度の高さです。実際、露出が多ければ多いほど美人にしてもらえるというのは一つの真理です。古くはオウム真理教の女性信者もそうでしたが、警察の女性警護員だって、テレビにしばしば映ろうものなら、「美人SP」と形容され、ほかならぬ本人が当惑することになります。

しかし、露出度の高さからいえば、女優や歌手、いわゆる芸能人の方が上をいきます。ところが、今や女子アナ人気は芸能人をしのぐ勢いです。これまた、摩訶《まか》不思議な現象です。

おそらく、視聴者は、芸能界というものに、作られた社会、いわばバーチャルな社会という一種のうさん臭さを感じているのではないでしょうか。かつては、銀幕のスターたる者、私生活を見せてはならぬと厳しく管理されたといいますが、今だって、彼女たちのカバーストーリーと実像の間に大きな落差があるだろうことは皆うすうす感じています。だから、あのタレントは昔暴走族だったとか、不良仲間だったというようなウラネタが飛び交うのです。

これに対し、女子アナは、リアルの社会の住人と受け止められています。なぜなら、それなりの大学を出た、一流企業の社員だからです。多くの人は、そこに安心感を持ちます。メイド喫茶のメイドよりも、近くの喫茶店の店主の娘の方に安心感を持つのと同じです。

しかし、よくよく考えてみると、女子アナたちの活躍する姿も、実はバーチャルなのです。にもかかわらず、彼女たちがなぜブームになるのか。それがどこを見てもバーチャルだらけの世の中だから、わずかばかりのリアルにすがろうという構図によるのであれば、これは少し空しく、物悲しいですね。

リアル社会の警察官は、そのような見せかけのリアルに惑わされないことが大切です。

数字に踊らされる悪弊に

恣意的ランキングの流行で「謙虚さ」が失われている

一時、宮崎アニメの「ゲド戦記」が話題を集めた時期がありました。しかし、その宣伝文句にはいささか驚かされました。いわく「ロード・オブ・ザ・リング、ナルニア国物語、ゲド戦記を世界三大ファンタジーといいます」。はて、誰がそんなことを言ったのか。私は初耳だし、普遍的評価とも思えません。

確かに、これら三作品は、異次元世界を舞台にした長編ファンタジーという共通項はありますが、ファンタジーとはより広い世界であり、アンデルセンも宮沢賢治もファンタジーです。それらをもひっくるめて三大ファンタジーとは…。とにかく、言った者勝ちというのであれば迷惑な話です。

ところで、最近、テレビなどで目につくのは、「○○の見どころをランキングで紹介」という手法です。誰がどういう基準で順位を決めているのか、さっぱりわからないし、料理と景色と温泉をどうやれば比べることができるのでしょうか。こういう恣意《しい》的格付けが横行する一方、学校などでは順位付けの廃止が進んでいます。

運動会でも、通知表でも、本人の主観的評価を最大の指標としようとする傾向が顕著です。この二つの現象は、一見、正反対の動きのように見えますが、実は、同じもので、その背景にあるのは、いずれも権威の否定です。そして、これが戦後の平等主義の一つの帰結なのでしょう。「自分が正しいと思ったことは遠慮なく主張しなさい。価値観は皆対等なのだから」。この考え方は数年前の「世界に一つだけの花」のメガヒットにみられるように、今や、侵すべからざる絶対の真理になってしまいました。しかし、本当にこれでいいのか疑問に思います。先生も生徒も同じ、名人も初心者も同じ。果たして、これでいいのでしょうか。

少なくとも、このような考え方が定着することにより、我々は少し謙虚さを失ったようです。自分の好悪の感情だけで平気で順位付けし、他人に押しつけることもいとわなくなりました。だから、今後も次々と根拠不明の「世界三大○○」や「日本五大××」が生み出されていくことでしょう。

先入観にとらわれる部下に

スポーツ、芸能という休息を逃避の場にしてはならない

私は、実際に飛び降りを見たことがあります。学生時代、友人の住む寮の一室でぼんやり外を見ていると、目の前を人が落ちていきました。亡くなったのは、全く面識のない学生でしたが、その光景は今も覚えています。

数日後、西洋史の講義で教授がこんな話をしました。「フランス革命の頃、人々は飢えていたが、唯一ふんだんにあった物がある。それは塩である。当時のフランスでは、塩は容易に入手できたため、人々は腹がすくと塩をなめていた。しかし、塩を取りすぎると、精神が不安定になり、いらいらしてくる。これが革命が起こった一因だと私は考えている。話は違うが、最近の若い人は、しょうゆやソースなどの調味料をやたら使う。塩分の取りすぎだと思う。当大学の学生に自殺者が多いのは、そのためではないか」。あまり聞いたことがない説ですが、塩分の取りすぎが心身のバランスに悪影響を与えるのは、医学的にはともかく、経験的には当たっているのではないかと思いました。

ところで、我々にとって、スポーツとか芸能というものは何でしょう。それがなくても、直ちに生活に困ることはありません。しかし、それなくしては、人生はまるで無味乾燥なものになってしまいます。いわば、人生の塩のようなものではないかと思います。だから、ひいきのプロ野球チームを応援し、芸能番組に泣き笑いするのはすばらしいことです。ところが、今や、この塩の量がどんどん増えつつあり

ます。一般紙の一面にスポーツの結果が掲載されるのは珍しいことではありませんし、一選手の契約の状況までトップニュースとなります。五輪の熱狂的報道も半端ではありませんでした。でも、そんなに塩の量を増やして、心に変調を来さないでしょうか。

かつて、「パンとサーカスの日々」にふけり、市民が社会を正視しなくなったローマ帝国は、文化を異民族に乗っ取られ、崩壊しました。同様のことが日本で起こらないと誰も断言できないでしょう。

スポーツや芸能は、休息の場であり、逃避の場にしてはならないと思うのです。

先入観にとらわれる部下に

時代のトレンドと結び付いただけのショー的言説は忘れられる

クレージーキャッツの植木等さんは一世を風靡《ふうび》した昭和の大スターで、亡くなられた時は本当に寂しい気持ちがしました。

芸能人が亡くなった時、故人の全盛期の映像がワイドショーなどで流されるのが常です。植木さんの場合も、昭和三〇年代の「シャボン玉ホリデー」あたりの映像が頻繁に流されていましたが、それを見ていて奇妙な感覚に陥りました。そう、面白くないのです。

一緒に見ていた子供たちから「こんなの、どこが面白いの」と言われ、「うーむ。いわく言い難しだな」とあいまいに答えざるを得ませんでした。しかし、このような感覚はかなり多くの人に共通するもののようです。これを「それが時の流れというもの」と片付けることもできるのでしょうが、事はそう単純ではないと思います。いくら古くても一九三九年制作の映画「風と共に去りぬ」には今見ても圧倒されますし、五代目志ん生の落語はいつ聞いても感心します。なのに、どうして、この種のコントには違和感を覚えるのでしょうか。

どうやら、芸能というものは二種類の要素で成り立っているようです。一つはショー的要素であり、今一つは物語的要素です。このうち、物語的要素は時を経てもそう古びるものではありませんが、ショー的要素は急速に陳腐化するのではないでしょうか。なぜなら、ショー的要素は、時代のトレンドやテクニックと密接に関連しているからです。それ故、物語的要素の強い映画や落語はかつてと同じ感動を維持できるのに対し、ショー的要素が強いコントや漫才などは面白くないと感じるのではないでしょうか。

そして、同様のことは、政治や社会についての評論や言説についても言えそうに思います。単に、時代のトレンドと結び付いただけのショー的要素の強い評論、言説は、そのときはもてはやされても、時の経過とともにとても批判に耐えられないものとなってしまいます。このことは、昭和の一時期を振り返るだけでも十分に実証されているように思えるのですが…。

ここだけの
説教-9

「お前の番だ」と言われたら、「任せておけ」と胸をたたけ

私が初めて所属の長になったのは、二六歳の時です。警視に任命され、不安を覚えつつも、群馬県警の捜査第二課長として赴任したのです。

捜査二課というのは、警視庁や大阪府警のような規模の大きいところでは知能犯を専門に担当しますが、群馬のような中規模県では知能犯と暴力犯の両者を受け持ちます。変なくくりのようにも見えますが、組織犯罪という視点でとらえています。

さて、土地勘も仕事勘もない、若造がいきなり赴任したわけですから、着任直後はまず担当者から仕事の内容を教えてもらわねばなりません。その日も、暴力犯担当の課長補佐から説明を受けていたのですが、補佐が「課長、話を聞いているだけではわからないでしょう。一度、暴力団事務所の視察に行きましょう」と言い出しました。私も、いい加減、話

には飽きていましたので、これ幸いとばかり、出発しました。

その事務所は、群馬県の東部にありましたが、もちろん、「暴力団事務所」などとは表記していません。「〇〇興業」などというもっともらしい看板がかかっています。一見したところ、普通の会社のようにも見えます。車の中から、しばらく見ていますと、一人の女性が出てきました。

人のよさそうな顔で、近くにいた若い男性と「あら、いやだ」などと談笑する声が聞こえてきます。補佐が耳元でささやきます。

「組長の嫁さんです。あんな感じですが、背中には入れ墨があります」

「ふーん。わからないもんだね」

その後、車から降り、事務所の直近まで行ったところ、中から大柄な男性が出てきました。補佐がささやきます。「組長です」。向こうもこちらに気付き、「誰だい」と声を掛けてきました。補佐が応えます。

「県警の捜査二課だ。新しい課長が着任したので視察に来た」

「へえ。そうかい。それじゃ、せっかくだから、中に入ったらどうだい」

私は、少しぎょっとしましたが、平然を装い、「じゃ、入れてもらおうか」と応え、事務所の中に入りました。

事務所の中は、一般のオフィスとあまり変わりはありませんでしたが、行事予定のところに、やたら「公判日」と書かれているのが目を引きました。彼らも裁判対策には相当手をとられているようです。

やがて、先ほど見かけた奥さんが愛想よくお茶を持ってきて、組長も「皆さんのような優秀な若い人が来るから、おれたちも大変だ」などと雑談を始めました。私は適当に返事をしていましたが、組長がふと思いついたように「そうだ。今日は、若い衆が何人かいるから、課長さんに訓示をしてもらおう」と言い出したのです。

今でこそ、私も人前でしゃべることは多いですが、その頃は、そんな機会はほとんどありませんでした。おまけに、暴力団員相手です。一体、何を話したらいいかもとっさに判断できません。補佐の方を見ると、少しびっくりしたような、それでいて、興味深そうな顔でこちらを見つめています。ほかの捜査二課員も同様です。その時、私は心に決めました。ここで引くわけにはいかない。

「わかりました。やりましょう」

そして、一〇人ほどの組員を相手に「人間というのは、汗水流して、世のため、人のために尽くす姿が最も美しい」というような青臭い話をしたのです。

このことが補佐や組長にどう受け取られたかはわかりません。しかし、自分自身にとって、これからの人生を渡っていく上で一つの自信になりました。

「おまえの番だ」と声を掛けられた時、びびらず、しっかり受け止めることができたという自信です。

仮に、このとき、相手の申し出を断っても、誰からも後ろ指を指されるということはなかったでしょう。しかし、自分の心の中で「逃げた」という負い目になっていたような気がするのです。

人生には、こういうちょっとした岐路が数多くあると思います。そのとき、いかに前向きに事に当たるか。人生とは、その積み重ねで決まるのではないかと思います。

締めの説教

節目の作法

手締めが「三×三＋一」である理由

宴もたけなわでございますが、ご指名でございますので、このあたりで中締めとさせていただきたいと存じます。

最近は、関東一本締めとか大阪一本締めとか、やたら一本締めというのがはやっておりますが、理屈を言わせていただくと、単なる一本締めという締め方はありません。手締めといいますのは、拍子と本数から成っております。本数というのは、拍子の繰り返しの回数を言います。ですから、拍子を言わない一本締めというのは、あり得ないのです。

そこで、拍子でありますが、古来、日本でも、中国でも、九という数字が最も尊ばれてきました。なぜなら、一〇になると満数で、後は衰退しかないからです。ですから、手締めのときも、九になるように三、三、三とうちます。ところが、これでは、収まりがあまりよくありません。そこで、最後に、もう一本入れます。それじゃ、一〇になるのではないかとのご意見もあるでしょうが、そうではありません。あくまで、九プラス一です。漢字の九に一を足すとどうなりますか。丸という字になります。したがって、この締め方を十締めではなく、丸締めといいます。

次に、本数について申し上げます。よく、「にぎにぎしく三本で締めます」などとおっしゃる人がいますが、これも間違いです。三本でやるという以上、締めを三回やるわけですから、それぞれを何のためにやるか言わなければなりません。つまり一本目は何のため、二本目は何のためというふうに言わねばなりません。

最後に、手締めをするときのスタイルです。しばしば、「よオー」と言って、手を大きく広げる方を見受けますが、これは正しくありません。始めるときは、手を閉じた状態から、というのが基本です。神社でかしわ手を打つとき、手を閉じた状態でやるでしょう。あれと同じです。

それでは、ただ今から、丸締めの三本で締めさせていただきます。

一本目は、本書をここまで読みすすんでくださった皆様に感謝して、

二本目は、本書の刊行にご尽力いただいた皆様に対する心からの御礼として、

三本目は、本書を通じて、少しでも皆様のお役に立てることを祈念して、

よオー、チャチャチャチャ

特別対談

組織と言葉

池田克彦氏×堂場瞬一氏

堂場瞬一（どうば・しゅんいち）　小説家

1963年生まれ。茨城県出身。青山学院大学国際政治経済学部卒業後、読売新聞東京本社に入社。社会部記者などのかたわら小説を執筆し、2000年に『8年』で第13回小説すばる新人賞を受賞。主に警察小説とスポーツ小説という二つのフィールドで活躍する。警察小説では、「刑事・鳴沢了」シリーズ（中央公論新社）、「警視庁失踪課・高城賢吾」シリーズ（中央公論新社）、「刑事の挑戦・一之瀬拓真」シリーズ（中央公論新社）、「警視庁追跡捜査係」シリーズ（ハルキ文庫）、「アナザーフェイス」シリーズ（文春文庫）、「捜査一課・澤村慶司」シリーズ（角川文庫）、「警視庁犯罪被害者支援課」シリーズ（講談社文庫）などのほか、『誤断』（中央公論新社）、『夏の雷音』（小学館）、『警察《サツ》回りの夏』『複合捜査』（集英社）、『衆1968夏』（文藝春秋）、『十字の記憶』（KADOKAWA）、『Killers』（講談社）などがある。近著に『バビロンの秘文字』Ⅰ〜Ⅲ（中央公論新社）。2015年10月に著書が通算100冊を突破した。

写真撮影　本間裕貴（時事通信社写真部）

――池田さんと堂場さんはかつて警視庁幹部、担当記者として接点がありました。この本は池田さんの警察官への訓示をもとにしています。組織を言葉でマネージしてきた記録ともいえます。言葉で仕事をしておられる堂場さんと、組織の中での判断、報告、広報対応、危機管理についてじっくりとお話しください。

堂場　この本に出てくる池田さんの訓示ですけど、ちょっと驚いています。どこでネタを拾ってくるんですか、こんなに。

池田　面白い話が好きなんです。学生時代は「うめだ花月」にしょっちゅう行っていて、警察庁に入る前に「吉本に来ないか。三か月で舞台に立てるで」と誘われたこともあります。高校時代の同級生の間には、私が吉本興行を辞めてから警察に入ったというわさがありますが、間違いです。吉本に入社した事実はありません（笑）。この本では中学校とか高校のときに読んだ本のネタを結構使っています。

堂場　覚えておけば、九割は無駄になっても一割はのちのち役に立つかもしれないとか。

池田　そもそも役に立ちそうにない知識の方が役に立つんですよ。無用の用というやつです。私が小学校時代にクレージーキャッツの歌がはやっていたんですが、あれなんかも結構役に立つんですよ。

堂場　今でも役に立ちますか。

池田　ええ。例えば「学生節」。これはかなり軽妙な歌なんですが、歌詞は父親や教師に息子や学生の考え方を尊重しろという内容なんです。こういう権威の否定が結局、その後の学生運動につながっていくんですよね。一九六〇年代後半の学生運動の萌芽というのは、この辺にあるというような。

堂場　それは新説というか、珍説というか（笑）。

池田　ほかの人から聞いたことはないですけどね（笑）。

堂場　クレージーキャッツの歌って、結構アナーキーだったりするんですよね。たぶん、作詞を数多くしている青島幸男さんが相当めちゃくちゃな人だったんですね。

池田　そうですね。時代背景もあったと思いますが。

堂場　公務員と民間企業では求めているものが違うわけですから、民間企業に来られてから、話す内容を意識して変えているところはありますか。

池田　それはあります。警察のときは、野球で言うとストレートです。民間では若干変化球を投げるような感じで。例えば、主に警察署を保険の営業で回っている人たちに話をする機会があったんですが、バレンタインデーのすぐ後だったので、その場で「ゴディバの話」というのをつくってみました。

ゴディバのチョコレートはご存じでしょう。では、ゴディバのシンボルマークとなっている絵はわかりますか。あれは馬に乗った裸の女性です。女性はゴディバ伯爵夫人といい、夫のゴディバ伯爵というのがものすごく強欲な領主だったんですね。重税に苦しむ領民を見かねて、夫人は伯爵に「年貢を軽くしてください」と頼みます。すると、伯爵は「お前が裸で村中を回ったら軽くしてやるよ」と言うのです。それで伯爵夫人は裸で馬に乗り村中を回るわけです。村人はみな、奥様が努力してくれているんだからと、窓を閉めて裸の夫人を見ないようにしたんですけども、一人だけこっそりと見たやつがいるんです。これがトムという男で、英語でのぞき魔のことを「ピーピング・トム」というのはここからきていると言われています。そして、トムは天罰が当たって目が見えなくなったとされています。

でも、これは説話であって、現実はこのように信賞必罰になるわけではない。「まじめにやっていれば誰かが助けてくれる」というのはあくまで理想で、現実は厳しい。みなさんが営業で回る警察の職員は「誠実に仕事をしていれば将来に心配はない」と愚直に考えている人が大半です。「ゴディバの話では正直な村人には天罰は当たりません。だけど、現実には正しいことをしていても、とんでもない災難に遭うことだってある。そのような時に備えて保険は必要です」と、警察職員に教えてやってください。というような話です。

堂場　いい話っぽく聞こえますけど、結構ひどい話ですよね。

池田　そうなんですけど（笑）。ちなみに、この話も中学生のときに読んだ本で知りました。

判断を上げる部下、判断しない上司

――民間企業では指示待ち社員の増加が問題となっています。警察はどうでしょうか？

池田　私が管理職選考の面接責任者をやったときに気になったことがあります。管理職というのは本部でいえば管理官（課長代理）、署でいえば課長になります。そういう人たちの選考試験ですね。その面接で事例を挙げて、こういう事案が発生したときに、あなたは署の課長としてどうしますかと聞くわけです。そうすると「直ちに署長に報告します」と、一番無難な答えが返ってきます。

堂場　それはホウレンソウ（報告・連絡・相談）のホウですよね。

池田　ええ。では、報告した後どうしますかと聞くと「署長の指示に従います」。こう言えば確かに減点にはならないんですけど、本当にそれでいいのかという気がするんです。

堂場　そうですよね。例えば連絡がすぐにとれない状況とかもあるわけじゃないですか。その場ですぐに判断しなきゃいけない火急の事態もある。質問の内容としては、そういうところを想定しているんですよね。

池田　そうです。しかし、相手は大体「うまく答えた」という顔をしているんです。だから「署長の指示を待つということですが、どういうふうに待つんですか。何もせずただ待つだけなのですか」と続けて質問する。すると、いえいえ、そういうわけではありませんと。「私はこうしたいと思うんだけども、署長いかがでしょうか」と聞くんじゃないですかと問うと、「はい、そうです」。「じゃあ、自分はどうしようと思うのか、それを答えてください」と言ったら、はたとうつむく(笑)。

堂場　これから管理職になろうという人ですから、最近盛んに言われる若手の指示待ち世代ではないはずですよね。どうなんですか、昔と比べて。

池田　古い方に聞くと、以前よりその傾向は強いという言い方をする人が多いですね。

堂場　非常に怖いところがありますね。特に警察の場合は一分一秒を争うことがありますから。昔だったら、怒られるのを覚悟で、とりあえず現場で何かやってみる。失敗するかもしれないし、成功するかもしれない。だけど緊急対応は現場の判断でしたと思うんですよ。携帯が普及してから、すぐに上に相談して指示を待つ姿勢になっちゃったんじゃないでしょうか。

池田　昔は確かにそこまで上に上げなかったとい

うのはあると思いますね。物理的に上げられなかったということもあると思いますが。

堂場　でも今は携帯でつながっちゃうから。

池田　例えば記者会見で総理に質問するときに、「その報告はいつ入りましたか」って必ず聞きますよね。それでこれが遅いと、「報告連絡体制がなっていないと思いますが、いかがですか」となりますから、報告する方は自分で判断するよりも、とりあえず早く上に上げろとなる。それが美徳だみたいな感じになっていますね。

堂場　ホウレンソウの大事さは確かにわかるんですけど、それが全てに優先するものでないと思うんですよ。報告を上げる前に現場で処理しなきゃいけないこともあるわけですし。何か方向として間違っている感じがします。

池田　今の総理への質問の話でも、逆に報告が遅かったら……。

堂場　それはたたきます（笑）。だけど、ちょっと違うぞという感じはありますよね。

池田　確かにそうですね。私が警察庁の課長補佐のとき、国会の根回しは大体課長補佐がやったんですよ。だから、いつも国会を回って、「こういうことでご了解ください」と。ところが、課長になると、いつの間にか根回しは課長の仕事になっていて、やっぱり国会をぐるぐる回っていました。そして、局長になったら、局長がやるようになっていました。国会議員のほうも、課長補佐なんかが行ったら、何でおまえが来るんだという感じです。上の者が来ないと承知しないみたいな雰囲気でしたね。

堂場　要求水準が上がってきたんですか。

池田　そうじゃないですね。形を求めるというか、組織であれば組織の長が来いという、そういう意識が非常に強くなっているのだと思います。政治主導の風潮の影響もあるのでしょうが。

堂場　非常に日本的ですよね。まず形からというのは。

池田　中身がどうかというよりも……。

堂場　まず、形を整える。メンツを立てましたみたいなところが大事になっているわけですね。

池田　将来的なことを考えると、何でもとにかく上に上げるというシステムは非常に危ないと思いますね。例えば、根回しにしても、課長補佐のころからやっていたら訓練されます。利害調整をどうするか、自分の頭でぎりぎり考えますからね。

堂場　実務は実務部隊で、というのが本来の姿じゃないかと思うんですけどね。

池田　一線においても、例えば警備の仕事では、実際に何かが発生したときは、部隊長なり、そこにいる人間が判断しなければどうしようもないんです。報告をしている時間がないですから。そういう判断が本当にすぐにできるかどうかが組織の強さなんですけどね。何でも上に上げる癖がついていると、それができなくなるんじゃないかと。それが怖いところですね。

堂場　そうした訓練ってできるものですか。

池田　これは実戦でやっていくしかないですね。

堂場　難しいところですね、それは。警察の場合、本当にちょっとしたことが人命にかかわる問題になりますから、特に若い人はやはりビビると思いますよ。でも、本当は若いうちからやらなきゃいけないことですよね。

池田　そうなんです。

堂場　民間企業にも当てはまる問題ですよね、自分で判断しないというのは。ただ、民間企業の場

合、実際に報告を上げても上が何も判断してくれないこともある。裁量権をどこまで持たすかということを考えなきゃいけない。

池田　企業のコンプライアンスで問題になるのは、そうした判断を誰がしているかわからないというのが大きいんじゃないでしょうかね。

堂場　そうですよね。上司に報告するとその上司はその上に、さらにその上へとなって、最後に社長まで行くと、今度は話が下に戻ってきたりする。最終的な責任を誰がとるんだか全然わからない。気持ち悪い構造になってきています。

池田　現場で判断するという責任感が希薄になっている気はしますね。

堂場　でも、怒られるのが怖いんですよね。

池田　上に上げてもいいと思いますよ。しかし、自分はこう判断する、と常に考えてほしい。先ほどの幹部の選考試験の話でも、署長に何をやればいいのか聞くのはおかしいだろうと。「私はこう思いますが、それでよろしいですか」と聞くのが正しいんじゃないかと、こう言っているんですけどね。

堂場　案を出しつつ、報告を兼ねるというのが一番いいわけですよね。でもそれは、どれだけ現場を踏んでいるかというところに左右されますよね。

池田　普段からそういう癖をつけていないとできないと思います。

堂場　思考実験でうまくいかないですかね。

池田　シミュレーションだけではなかなか厳しいと思います。といいますのは、判断には責任がつきものなんです。シミュレーションでは、判断の訓練はできても責任を感じることはありません。私が実際見てきた中でも、シミュレーションのときには非常に的確な答えをする人が、現実に目の前で動きが出てくると、もう完全に焦って、どうしたらいいだろう、どうしたらいいだろうって、隣に聞いてばっかりいるというようなことがありました。

記者と警察、ぎりぎりの攻防

——堂場さんは新聞記者として取材し、池田さんはそれに対応していたわけですけど、攻める側、受ける側でかなりぎりぎりの場面もあるのではないでしょうか。

堂場　最近、後輩に話を聞くと、昔に比べてマスコミと警察の関係が大分ぎすぎすした感じになっているようですよ。昔は、もう少し関係がうまくいっていたような気がします。最近は、取材する側とされる側の信頼関係が厳しくなっているような話を聞きます。「ここまでしか言えないよ」と言いながら、「いや実はね」みたいな阿吽《あうん》の呼吸の駆け引きがなくなってきた気がするんです。

池田　確かに、昔は、「本当はここまでだけども、ちょっと独り言を言うからね」とかいうことをやりましたけどね。

堂場　書類をのぞけるように、わざと放置している人もいました。

池田　一生懸命取材している社とそうでない社がいた場合、両方に同じ情報を出すというのは、出す方としても少し引っかかるところがあって、最低限の情報は両方に出すにしても、よくやっているところにはサービスを少しするとか、聞かれたときにはうなずくとか、そういう魚心あれば水心みたいなところがありましたけど。

堂場　ちょっと悪代官的な発言ですけどね（笑）。結局は人間関係なので、普段からのつき合いを一生懸命やっているかどうか、その辺を見られているという意識はあります。

池田　少しきれい事になるんですが、マスコミの皆さんも世の中をよくしようという心意気で仕事をされているんでしょう。その意味で、一生懸命努力されているところに若干のサービスがあってもおかしくはないでしょう。それに、よく取材されているところは質問のレベルが高いですから、答えも当然レベルが高くなると思います。言うなれば、昔は直線で割り切らずに曲線で割り切っていた、ということでしょうか。割り切るというのは変ですけど。

堂場　その辺が曖昧になっていて。

池田　今はだんだんと、「言える言えないの境界をきっちりしようぜ」みたいな話になっているのかもしれませんね。

堂場　マスコミ側が、それに抵抗しきれなかった部分もある。「そんなこと、決めなくていいよ」という感じで抑えるべきだったと思うのですが。

池田　建前上は今の方が正しいのかもしれません

がね。

堂場　池田さんが現役時代、いわゆる「当てられた」（記者が独自につかんだ発表していない事実をぶつけられて確認を求められる）ときはどうしていましたか。

池田　当てられたときは、当然のことなんですが、うそだけはつかないことにしていました。広報課長でしたからね。わからないことは率直にわからない、知っていることは知っている部分で答えるというのが原則でした。もちろん、知っていても言えないこともありますから、それは「言えない」か「主管課に聞いてくれ」と答えていました。

堂場　僕らの当時の謎は、「広報課長ってどこまで知っているの」ということでした。警視庁の場合、扱っている事案がものすごく多いわけじゃないですか。広報課長がそれを全部知っていなければならないとしたらパンクしますよね。

池田　それはないですね。だから知らない事案も結構あります。

堂場　いま動いている非常にやばい事件とか、その辺については、やっぱりある程度はちゃんと筋を押さえておく。

池田　ええ。ある程度は知っていますね。ただ、聞いちゃうと答えざるを得なくなるから、あえて聞かないというのも当然あります。

堂場　逆に聞きにいくときもあるんですか。

池田　非常に微妙な事案の場合はありますね。それと、現場でいい加減な対応をされるとまずいときもあるんですね。これは私の経験ですが、署長の公舎に泥棒が入ったことがあったんですよ。これを読売新聞が抜い（スクープし）た。

堂場　みっともない話ですねえ（笑）。

池田　びっくりして署の副署長に電話して、これは事実ですかと聞いたら「そんな事実はない」と言うんですよ。署長に電話しても、署長も「そんな事実はない」と言うんですね。本当にないなら訂正記事を出してもらわないといけません。それで読売新聞のサブキャップに「署は全然知らないと言ってるんだけど」という話をしたら、サブキャップは相当焦ってましたね。その後、改めてもう一回署に電話して、「訂正記事を出させて、本当はありましたということになったら、これはただじゃ済まんぞ。あんたら、それをわかって『ない』と言ってるんだろうな」と言ったら、「実はありました」と。

堂場　そこでゲロ（白状）した（笑）。

池田　ええ。だから署というのは結構危ないんです。上の方のキャラクターがもろに反映しますから。

堂場　それは警視庁の特殊事情かもしれません。所轄の数が多いので、サツ回り（警察担当記者）が完全にはカバーしきれない。だから記者との関係もそんなに深くつくれないということが所轄ではあると思います。地方だと、警察署の数が少ないので、毎日朝晩顔を出すこともできますけど、警視庁だとなかなかそうもいかないし。関係が薄いとうそでごまかす。でも、そのネタって本部ネタ（警視庁本庁が情報源）ですよね。所轄じゃないですよ、絶対に。

池田　多分、本部ネタだと思います。

堂場　でも、刑事部の盗犯担当がしゃべったとは絶対考えられない。

池田　想像ですけど、その署にいくつか捜査本部がありましたから、そこから出たのではと。署内のうわさ話を耳にして流したんでしょうね。

堂場　捜査本部の事件とは関係ないのに（笑）。

池田　私が担当記者を怒ったことがあるのは、勝新事件のときですね。俳優の勝新太郎が薬物を下着の中に隠していて、ハワイのホノルル空港で現行犯逮捕された事件。あの事件のときに、担当課長が所在不明になっちゃったんですね。それで、当時の防犯担当記者が各社連合で私のところに文句を言いにきたんですが、「各社雁首《がんくび》そろえてやってくるなんて、記者としていいのか。文句を言うなら個々人で言えよ。おまけに、文句を言うのなら防犯部に言うのが筋だろう。何で広報課長に言ってくるんだ。例えば捜査一課長が取材拒否したといって、一課担当記者が一緒になって広報課長に文句を言いにくるのか」と、怒ったことがあるんですよ。

堂場　いろいろな意味で警視庁の広報は、日本のあらゆる組織の中で最強に近いと思うんですよ。ちゃんとやってくれることもそうだし、マスコミコントロールに関してもそうです。でも、今はどうかですよね。記者クラブと広報の関係が少し心配です。で、結局、担当課長はどこにいたんですか。

池田　具体的には申し上げられませんが、庁内のマスコミが入りづらいところにいたようですね。

堂場　最近のマスコミの現場で一番いやなのが、記者たちがみんな会見場にパソコンを持ち込んで、ひたすらメモしていること。「記者会見なんだから質問しろよ」と思います。でも、それがここ二〇年ぐらいの会見の形になっている。すごく気持ち悪いんですよ、あれは。

池田　確かに情報技術の発達が会見風景を変えているのは間違いないと思いますね。

堂場　それはしょうがないんですけど、もう少し会見している相手をいじめてみろよとか、思うんです。でも、本当にみんなうつむいて、ずーっとパソコンを見ているだけ。内容は録音しているから大丈夫、みたいな感じになっちゃってて……。何しに来てるのかって、疑問に感じることが多いですよ。

――当てられる側の話を伺ったんですけど、堂場さん、当てる側はどうですか。

堂場　記者として「当てる」時は常に疑心暗鬼のままです。当てたらうなずいたから大丈夫とか、よく言うじゃないですか。認めはしなかったけど、一応こういう反応が返ってきた……でも、確証が持てないんですよ。もしかしたら、頭が重かっただけかもしれない。だから必ず複数に当てろと言われますよね。でも、二人に当たって、一人は口で認め、一人はうなずいたように見えたけど確証が持てないときき、さらに当てる相手を探さなきゃいけないわけです。ところが、当てられるところってそんなにないので、結局書けないとか、ありますね。当てられる人によって、その認め方というのは違うわけですし、うそをつく人もいますから。それに「捜査上の秘密だ」と言われたら、こっちとしては何も言えないわけです。しゃべったら守秘義務違反で、法律に違反するような話をしゃべってもらうわけですから。だから、認めてもらったらもうけものぐらいの感覚ですよね、こっちとしては。でも、あれが面白かったんですよね。タヌキ同士の化かし合いみたいなところがあって。

池田　捜査一課長のところなんかは、いつも夜中まで記者対応していますよね。

堂場　一課長は大変ですよね。中には当ててくる社もいるわけで、そこで化かし合いをするわけですが、別の社には何事もなかったように接しなくてはいけない。すさまじい対応力ですよね。動揺しますよ、普通。

池田　いや、それはそうだろうと思いますね。

堂場　「明日の朝刊に書くぞ」と言われ、内心では誰が漏らしたのかとカリカリしているのに、別の社の記者にはそれを気づかれないように対応しているわけじゃないですか。すごい精神力だなと思う。

池田　歴代の一課長は、それぞれいろいろな技術を持って記者対応をしていたようですよ。嫌な質問をされたら寝たふりをする人とかね（笑）。

広報という修羅場

――警察の広報で民間企業に参考になることはありますか。民間企業で問題が起きたとき、広報から崩壊して問題を大きくするケースも多いのですが。

池田　先ほどの話とも少し似ていると思うんですけどね。広報が広報で処理せずに、上に上げる傾向があるんじゃないかと思うんですね。その問題は我々では処理できないので、執行役員や取締役、あるいは社長に聞いてほしいといって、上にすぐ上げちゃうような感じがしますね。

堂場　広報の仕事が窓口だけみたいな感じになっちゃいますよね。何か答えるのが本来の仕事のはずなのに。

池田　ええ。少なくとも広報課長なり何なりが、自分のできる範囲である程度の説明をして、これで納得してもらえないかという対応をまずすべきですよね。「どこまで話せば相手は納得するのか」という、そういう前段の駆け引きをやらずに上げちゃうと、上が火だるまになる可能性があるんですね。

堂場　上は詳しい事情を知らない場合が多いわけですから。ただ、警察の広報はしょっちゅう記者とやりとりしていて、シビアな話や書いてほしくない話にも慣れている。でも警察と違って民間企業の広報には、そこまでのことはほとんどないんですよね。

池田　そういう気はしますね。

堂場　よく取材の申し込みは来るんでしょうけど、それは「対象の部署を紹介してくれ」とかで、そういう差配をすることがマスコミ対応の仕事になっている。不祥事や事故などへの対応経験がたくさんあるということは、その会社はそれだけやばいことを経験した、あまりよろしくない会社ということになります。危機管理が話題になることが多いですけど、謝罪会見とかを見ていると成功したケースってほとんどないんですよね。何で失敗するかというと、それはやはり経験がないからとしか言いようがない。

池田　そうですね。警視庁の場合、広報課長は広報する課長でなく、広報をコントロールする課長といわれていました。それだけ、自分のところで食い止めるという意識が強いのです。もちろん、上に上げるときもありますが、その過程でマスコミの問題意識がわかりますね。

堂場　食い止めるというか、ワンクッションになる必要がある。

池田　「ある程度のところまでは我々が話すので、上にはそれ以上のこと、社長の責任とか、その辺だけを聞いてくれ」とか。そうせずに一から上に持っていくと、上は本当に火だるまになっちゃうと思うんですね。

堂場　社長って意外と事情を知らない場合もあるんですよね。社長の下の段階で問題や不祥事が起きていることが結構ありますから。だからある意味、広報の仕事には時間稼ぎの意味もありますよね。広報が食い止めている間に誰かが上に事情を説明する、というふうにやらないと。

池田　それと、「こういう答えをしたらマスコミはこういう反応をする」ということを、社長や幹部の頭に入れておいてもらった方がいいですね。

堂場　どのぐらいカッカしているか、まず様子をつかむという。

池田　こういう言い方をすれば厳しい反応が出るというキーワードのようなものがありますね。それを踏まえてもらうのが大切です。例えば、「違法でない」と断定するのと「現時点では違法とまでは立証できない」と言うのでは全く捉え方が違います。それと、全てを社長に聞くというのではなく、社長でなければ答えられないことを聞くという流れをつくるのが大事だと思います。

堂場　危機管理には二種類あります。一つは、その事態をどう収めるかという危機管理。もう一つは、マスコミや顧客などへの対応。特に最近、対世間がすごく大変です。以前はクレーム電話で済んでいたものが、今はメールがどかどか届いてサーバーがパンクしてしまうこともある。まさに「目の前の火事を消し止めろ」の世界ですよ。

池田　そうですね。まさに炎上ですね。

堂場　ツイッターで、あることないこと書かれることもあります。それは、止めようがないわけです。

池田　メールを受け付けないようにしたり、ホームページなどへの書き込みをできないようにしたりするという手もありますが。

堂場　それをしても、別のどこかに書かれちゃいます。

池田　事が起きた場合の第一印象も大きいと思います。いち早く現場の者が出ていって、ある程度のことをしゃべるなり何かするなりした方がいいと思うんですよ。

堂場　何か起きたときに世間の人が一番心配なのは、今どうなっているかわからないことだと思うんです。だから、とりあえず一報を流す。情報を流すことが大事です。

池田　ええ。情報がないことに人間は最も不安を感じるんですね。

堂場　しかも、最近はデマが流れることも多い。東日本大震災のときもさまざまなデマが流れました。幸い大きなトラブルにはなりませんでしたが。マイナスの話を否定しても、話は広がらないことが多い。だから、火を消し止めるというより、火が燃え上がらないようにすることを考える必要がある。

池田　一度燃え上がると火消しは難しいですから。

堂場　相当難しいですね。だから防火対策をちゃんとすべきです。

池田　その意味でも、現場の者がどこまでやれるかというのは大事だと思います。

堂場　それには、現場でやっていいよという裁量権はある程度渡さなきゃいけないし、現場で何とかするんだという教育をしなきゃいけない。

池田　そうですね。

堂場　現場は上に上げた方が楽なんですよね、正直言うと。

池田　先ほどの「署長に報告します」という例ですね。しかし、それでは、間に合わないときがあります。だから、下の方でどれだけの判断ができるかというのは大きいと思いますね。

堂場　上にしたら全く初耳の話で、ブリーフィングからと言われた日には時間がかかってしょうがない。そうこうしている間にどんどん炎上しちゃいますしね。現場の大事さですね、やっぱり最後は。でも、不祥事対応は難しいですね。ケースがそれぞれ違うから。こういう心構えでいれば大丈夫という方程式がないじゃないですか。

池田　不祥事でほめられることは絶対にありません。その意味で、少なくとも、初動だけはよかったと言えるように現場が頑張らねばなりません。

堂場　日本人が一番苦手とするところだと思いますけどね。自己責任でというのが。

「外からの指弾」「組織の士気」というてんびん

池田　不祥事については、厳しい判断をするほうが実は楽なんですよね。甘い判断をしたら、身内に甘いと必ず言われますから。例えば警察官が不祥事案を起こした場合、一番楽な判断は「逮捕する」という判断です。そうしたら誰も文句を言わない。ところが「本当に逮捕する必要がある事案なのか」ということもあるんです。

堂場　これが一般の民間人だったら「身柄を押さえないで任意で」という話なのに。

池田　それを「警察官だから厳しく」というのは、本当に正しい判断なのかと。私もそういう経験がありますけど、下の人は「甘くしてください」とは絶対に言わない。仮に甘くして何かトラブルが起こったら、本部長の責任になっちゃいますからね。ですから、本部長のことを思ったら、「厳しくやってください」となるんですね。そのときに、自分一人の判断で本当に必要か考えねばなりません。これは非常に厳しい判断ですよね。

堂場　民間も難しいですね、そこは。下で問題が起きているときに、その人をどう処遇するかというのはものすごく難しい話です。「首ですよ」というと、結局その会社は、起こしたトラブルに何も責任

をとらないまま終わっちゃうわけです。「問題が解決するまでは社長を務めますが次の株主総会で退任します」という感じも多いですけど、それって世間の人には理解しがたいところだと思います。トップはすぐ辞めるべきだと、大体そういうふうに見ちゃう。でもトップって、実はそう簡単に辞められない。それをどう世間に説明していくのか。

池田　あるいは「あの程度で首にしなくても」と社員や職員が思っているのに、世の中の反応を考えて首にしたり逮捕したりすると、その後の組織がもつかという別の問題もあるんですよね。

堂場　「うちの会社はこのぐらいで切る」と。そうすると、社内で不信感がすごく高まってきて。

池田　「一生懸命やって、ああいうことになっちゃったのに」とか。

堂場　故意じゃなく、たまたまミスしてしまったのが大事件につながることもあるじゃないですか。その場合、普通は情状酌量があるわけですけど、世間はそうは見ないかもしれない。そして世間におもねった形で切っちゃうと、社内は疑心暗鬼になる。

池田　「ああそうなのか、手を抜いている方がいいんだね」と。「一生懸命やったばっかりに彼は首になっちゃったね」と。こういうことになりますね。

堂場　そうすると「適当にだらだら流してやっておけばいい」という感じになっちゃいますよね。

池田　その方がいいじゃないかとなります。

堂場　池田さんが最大の厳しい判断を迫られたときって、どんなケースでしたか。

池田　例えば、原発事故のとき福島第一に放水部隊を派遣するというのは非常につらい判断でしたけど、判断自体に迷うことはなかった。迷ったというと、埼玉県警の本部長時代です。交番の警察官が誤って発砲して人にけがをさせた事件があったんですね。刑事部は「諸般の事情を踏まえると、これは逮捕した方がいい」という。一方、交番などを担当する地域部は「あれを逮捕されたら交番のお巡りさんは完全に士気が下がるだろう」と思っている。けれども、仮に「逮捕しないでください」と提言してそんな判断をしたら、本部長は警察庁から指弾されるだろうし、場合によれば更迭される。世間的にもたたかれるだろうと。だからそういう提言はできないというのが地域部の雰囲気ですね。

堂場　どっちも合っているわけですよね、理屈としては。

池田　ええ。はっきり言って、保身を図ろうと思えば逮捕するのが正しいんですよ。誰からも文句を言われない。でもこのときは、組織の士気にかかわる問題だから逮捕しない、という判断をしたんです。

堂場　それはさっきのお話につながるところですね。下を切って世間は納得するけど、組織は内部崩壊してしまうという。

池田　世間や警察庁は「逮捕しろ」と言うと思うんです。それを「逮捕しない」と判断をしたわけですから、これはどういう反応になるか、考えるとつらかったですよね。

堂場　結果的にはどんな反応だったんですか、そのときは。

池田　それほど騒ぎにならなかったです。これは逮捕を提案した刑事部がよくフォローしてくれたと思います。「本部長がそう判断した以上、その方向できっちりまとめます」と言って、実際、そうしてくれました。

堂場　僕は組織を抜けてしまったので、ここ数年間、池田さんのような判断に悩む経験はないですね。ただ小説を書いていると、この話をどう進めるかと悩むことはしょっちゅうです。でも決めるのは自分しかいないわけで、良いほうに転がっても悪いほうに行っても自分の責任なわけですから。逆に言うと、会社にいたらできない経験ですよね。

池田　それはそれで潔いですよね。

堂場　精神的にはすごく楽です。

池田　実は、埼玉の話にはちょっとした続きがありましてね。警察を退官した後、埼玉に久しぶりに遊びにいって、当時の連中と一緒に酒を飲んだんです。その席に、そのときの会議に出ていたメンバーもいて、思い出話をしてくれたんです。「率直に言って、逮捕しないでほしいと多くの人は思っていた。だけど、それを言うと本部長が迷惑するだろうから誰も言えなかった。本部長が逮捕しないと判断してくれればいいなと思いつつ、逮捕という判断にならざるを得ないと思っていた。ところが、逮捕しないという判断になり、本当にうれしかった」と。

堂場　後から聞くと、すごくいい話……。

池田　なんですよ。

堂場　ただ、いまの話が全てのケースに当てはまるわけじゃない。あくまでうまくいったケースとして捉えてほしいですね。

池田　下手すれば、世間にもマスコミにも警察庁にもたたかれて火だるまになっていたと思います。

堂場　発砲事件は日本ではそんなに多くないだけに、敏感になりますから。綱渡りですよね。

池田　はい。決していい思い出ではないです。

変わる警察、変わる小説

――小説やドラマの中の警察と現実の警察につい

て少しお伺いしたいのですが。

池田　私が講演でよく使うネタに「刑事ドラマでは、直属の上司が悪役にされることが多い」というのがあります(笑)。

堂場　多いですよね。

池田　特にテレビでは多いです。時代劇が典型的なんですけども、まず善玉と悪玉をつくるという一つのパターンがあると思うんですね。「ルーティン」と私は言ってるんですけども。現代劇でも、やはり善玉と悪玉をはっきりさせるのが一つの魅力になるわけです。特に刑事ドラマは、善玉と悪玉をはっきりさせやすいから受けるんだと思うんですね。

堂場　大テーマがそれですから。

池田　ところが刑事ドラマの場合、刑事が善玉、犯人が悪玉だとあまりに単純すぎて面白くない。

堂場　今のドラマはもう少し複雑になっていますね。

池田　そのために善玉、悪玉をもう一つ別につくる。連立方程式にして、面白みを増そうと。そのとき一番いいのは、上司が悪玉になることだろうと。だから刑事ドラマで上司が悪玉になるというのが多いんじゃないかと思います。時代劇で代官が悪玉になっているのと同じようなことじゃないかな。

堂場　現実にはあまりない話で、テレビドラマの罪は相当重いですね。我々が見ると、現実の警察ではあり得ないという、突っ込みどころが満載なんです。でも、テレビだと監修が入っているはずなんですよね。警察OBの方とかが、しっかり見ている。何でこれにオーケー出すのかなというのが結構ありますよね。

池田　OBも「ドラマじゃしょうがない」と思うんじゃないですか。

堂場　内輪の敵というと、海外のミステリーでも定番です。最近は特に、どんでん返しのある作品が好まれますが、「味方の中に裏切り者がいた」というのが王道パターンです。多分、それが一番衝撃が大きいんですね。上司が悪役になって主人公の刑事と対立するのも、結局そのバリエーションなんですよ。一番わかりやすく、しかも強く裏切られた印象があるという。

池田　率直に言って、わかりのいい上司はドラマにならないですよね。

堂場　主人公が犯人と戦いつつ上司の圧力にも耐え、みたいなものをつくらないと面白くないわけですよ。ドラマには緊張関係が必要ですから。

――取調室で被疑者にカツ丼を食べさせるシーンはおなじみですが。

堂場　今はさすがに小説やドラマに書く人はいませんよ。テレビでも、コントにしか出てこないんじゃないかな。

池田　カツ丼を食べさせるというのは、昭和三〇年公開の映画「警察日記」のワンシーンから来ているんですね。森繁久彌さんが主演の映画で、人情警察官が取り調べのときに被疑者に丼物を食べさせる場面があるんですが、今は絶対にないです。被疑者が自分でお金を払ってカツ丼を食べるのならかまいませんが、警察がカツ丼を出すと利益誘導になってしまうんです。裁判になったら取り調べの調書が無効にされてしまいます。

堂場　リアルに書こうとすれば、そんなことは絶対あり得ない。ただ、僕も小説ではいっぱいうそをついています。リアルに書くと、すごくつまらなくなるんですよ。警察の活動は、実際には地味なところが多いから、微妙なうそで色をつけているんです。

池田　堂場さんの小説ではないんですけど、例えば刑事部が取り調べをしているところに（職員の処分を決める）監察の人間が同席しているとか、そういう小説がたまにあるんです。でも、刑事部の調べと監察の調べは別ですから、一緒になってやるということはあり得ない。小説だから許されるうそというか、結構そういうのがあるんですね。

――警察の世界にも取り調べの可視化とか新しい概念が入ってきています。

池田　可視化では、結構誤解があると思います。「威圧的な取り調べや利益誘導をして自白させている、だからうその自供が生まれる」というようなことが議論の前提になっています。でも私が見てきたところでは、うその自供は、実はあっさり自供した場合の方が多いんですね。証拠を示し、供述の食い違いを攻めて「落とした」場合には、うその自供はほとんどありません。取り調べに抵抗する人より取調官に迎合する人の方が危ないんですね。「おまえ、やっただろう」と言われ、迎合して「はい」とあっさり答えたときの方がうその自供の疑いがある。可視化は、そういう変な取り調べをやっていないと知らせる意味でも、いいかなと思うんですよね。もちろん、過去に違法な取り調べがあったことを否定するつもりはありませんが。

堂場　警察の世界で、ここ一〇年くらいの間にすごく変わってきたというのが防犯カメラですよね。実際の事件でも、防犯カメラから割り出していく捜査がとても増えているじゃないですか。

池田　防犯カメラもすごいペースで増えているし、その映像を捜査に使うことも非常に多いです。

堂場　実際の捜査で役に立っているのですから、小説にも入れ込んでいかざるを得ない。

池田　犯人の方も防犯カメラを意識している場合がありますね。どうやったら防犯カメラに映らないか、事前にいろいろ検討しているやつはいます。

堂場　あとはＤＮＡ鑑定じゃないですか。ＤＮＡはやはり大きいですよね。

池田　ＤＮＡ鑑定では、別の問題も生じているんです。各県警の警察官の定員は政令で定められています。でも、一般職の定員は県の財政との交渉で決まる。基本的に県庁職員と同じ扱いになるわけです。県の財政が苦しい場合、一般職の定員は削減される。警視庁でも同じです。ＤＮＡ鑑定の職員というのは一般職員ですから、都庁の職員と全く同じ扱いになって、一律五％削減とかの対象になってしまう。ＤＮＡ鑑定は重要なのでぜひ職員は増やしたいのですが。

堂場　ＤＮＡ鑑定をするケースは増えていますよね。

池田　ええ。だから、堂場さんが記者だった頃は警視庁の受付は警視庁の職員でしたけど、今は民間に委託しています。そこら辺を削らないと、ＤＮＡ鑑定の職員を増やせないので。

堂場　今は注意しないと小説が理系の説明だらけになっちゃうんですよね。読者にしてみたら、読んでもちんぷんかんぷんの人もいるわけです。物語の進行がそこで一時停滞しちゃうところもありますし。ただ科学捜査って、ここ一〇年、二〇年でものすごく進歩したので、取り入れないわけにもいかない。そこをどうわかりやすく書くかとか、余計な気苦労が出てきました。

池田　ただ、科学捜査だけで犯人を捕まえるのは、実際には無理ですね。やはり人間が努力しないと。例えば、中目黒の住宅に突然人が入ってきて住人を殺したという事件がありました。当初は怨恨の線も考えたのですが、結局、犯人は中目黒に有名な芸能人が住んでいることをテレビで見て、それなら金持ちが多いだろうと福島からやってきた強盗だったんです。その犯人が地下鉄の中目黒駅まで逃げて電車に乗るところが防犯カメラに映っていました。そのまま防犯カメラの映像で犯人を追いかけたんですが、日比谷駅で見えなくなったんですね。それでＪＲ有楽町駅の防犯カメラを全部調べた。すると、ほんの少し、チラっとだけ映っているんです。私も見たんですけど、同一人物かなんてとても判別できませんでした。でも、ずっと犯人を映像で追いかけた捜査員は確かだと言う。それで周辺駅を全部調べたら、ＪＲ東京駅の長距離バス乗り場の防犯カメラに彼が映っていた。だったらバスに乗ったんだろうと、福島まで追いかけて捕まえたんですよね。これは犯人の姿を追い続けた人間の目で見たからわかったんですね。今は、群衆の中から個人を特定できる顔認証ソフトというものがあるといいますが、あの映像にチラッと映った犯人の姿は、そういうソフトではとてもわからないレベルでした。

堂場　今後もＡＩ（人工知能）の発展やなにやら、技術の進歩で捜査の方法は変わってくるかもしれません。ただ、やはり重要な局面では人の目に頼るしかない。結局、最終的に犯人対捜査員、人間対人間の勝負になる。そこは変わっていないですよね、基本的には。

池田　立川の警備会社の金庫から六億円が強奪された事件がありましたけど、あの事件では犯人たちが防犯カメラに映らないように計算して車をとめているんですね。ただ、車のごく一部が映っていたんですよ、端っこが。警視庁には、どんな車でも一部が見えれば車種がわかるという捜査員が一人いて、その捜査員が車の端っこだけの映像で車種を特定しました。それで付近のコンビニなんかの防犯カメラを全部調べると、確かにその車種が映っている。そこからナンバーを割り出して逮捕しました。このように、いくら科学捜査が進んでも人間の技術は絶対に必要になると思いますね。

堂場　難しいのは、そういう「人間的」な技術が一子相伝のように後輩の捜査員に伝わらないところですよね。

池田　捜査技術の伝承や、有能な若手捜査員の育成というは、今とても大きな課題になっていますね。だからベテラン捜査員には、そうしたことを退職しても引き続きお願いしているわけですが、若手にもぜひ「これだけは誰にも負けない」という技を磨く努力をしてほしいと思います。

使用場面別　索引

●組織を変える

連帯感がない組織に

閉鎖的な組織に

緩みがちな組織に

硬直した組織に

自信を失いがちな人々に

「頑張れ！」と言う代わりに

現場の大切さを忘れないために

節目の作法

判断ができない管理職に

仕事を抱え込む管理職に

活発な議論がない会議に

「プロの仕事」を問われたときに

悩めるリーダーに

●仕事の罠

効率主義の行きすぎに

精神論の行きすぎに

大局の見えない部下に

数字に踊らされる悪弊に

先入観にとらわれる部下に

●新世代を育てる

※この本は、立花書房より刊行された『知恵の話』『知恵の話Part2』『知恵の話Part3』『名選手は見逃さない―池田警視総監訓示集―』の内容を加筆・修正し再構成。書き下ろしコラムを加えたものです。

【著者紹介】

池田 克彦（いけだ・かつひこ）

第88代警視総監
1953年、兵庫県生まれ。1976年、京都大学法学部卒業後、警察庁入庁。警視庁広報課長、警視庁警備第一課長、岩手県警本部長、警視庁警備部長、埼玉県警本部長、警察庁警備局長などを歴任。2010年、第88代警視総監に就任。警備警察の第一人者として知られる一方で、雑学やユーモアにも造詣が深い。2011年に退官後、原子力規制庁の初代長官を務め、現在、日本道路交通情報センター理事長。著書に、『うんちくコラム』『名選手は見逃さない－池田警視総監訓示集－』（以上、立花書房）などがある。日本ペンクラブ会員。

薀蓄雑学《うんちくざつがく》　説教《せっきょう》の事典《じてん》

2016年8月30日　初版発行
2023年8月10日　第5刷発行

著　者：池田　克彦
発行者：花野井　道郎
発行所：株式会社時事通信出版局
発　売：株式会社時事通信社
〒104-8178　東京都中央区銀座5-15-8
電話03(5565)2155　http://book.jiji.com

印刷／製本　中央精版印刷株式会社

ISBN978-4-7887-1459-5　C0034　Printed in Japan